蒙特梭利
幼兒單元活動設計課程

周　逸　芬　著

五南圖書出版公司 印行

序　言

　　近年來隨著家庭與社會結構的變遷，父母均外出工作的雙薪家庭愈來愈多，照顧及教育幼兒的重責大任，乃逐漸由幼稚園與家庭來共同分擔。根據台北市立師院在八十年度的調查結果顯示，我國三至六歲幼兒接受學前教育的比例約 65％，已超過半數以上[1]。因此，如何爲幼兒們提供一個符合整體成長需求的教育環境，是當前刻不容緩的一個重要課題。

　　從個體生長與發展的觀點來看，幼兒時期不僅身心發展，學習速度都較其他時期迅速，而且可塑性與模仿性也最高。蒙特梭利（Montessori, M.）在其所著「吸收性心智」一書中指出：「所有的社會習慣與道德文化，都是在幼兒期即已形成的，它們塑造了一個人的人格、情操與其他各種的情感，使他成爲典型的印度人、義大利人或是英國人[2]。」佛洛依德（Freud, S.）也確認基本的人格架構是建立在幼兒五歲以前，幼年時期的親子關係及父母的教

養方式，可決定幼兒一生的發展3。

　　認知心理學者皮亞傑（Piaget, J.）以爲幼兒的心智發展有一定的程序，出生至兩歲的「感覺動作期」（Sensorimotor Period）、以及兩歲到七歲的「運思前期」（Preoperational Period）乃是後來「具體運思期」（Concrete Operational Period）以及「形式運思期」（Formal Operational Period）的基礎4。

　　此外，盧梭（Rousseau, J.J.）、裴斯塔洛齊（Pestalozzi, J.H.）、福祿貝爾（Frobel, F.W.A.）、杜威（Dewey, J.）等西方哲學家也一致認爲嬰幼兒期乃是人類一生中最關鍵的時期，而一再強調幼兒教育的重要性5。

　　至於我國自古即有「童蒙養正，作聖之功」之明訓，易經蒙卦亦曾以「蒙養聖基，殷殷垂教」來明示幼兒教育的重要性。朱熹在其「小學」一書序文中更強調日常生活、倫常道德的學習是幼年時代即必須教以學習之事。此外，「禮記內則」以及「顏氏家訓教子篇」等古籍中，更是充滿及早教誨之理。

　　如上由中外典籍的記述，乃至無數著名幼兒教育家、哲學家，以及心理學家的闡述，無論由心理學的層面或幼教理論不同的角度來看，幼兒時期的生活經驗與教育方式，都對整個人生有著決定性的影響；而且儘管中外教育子女的方式不盡相同，其對幼兒教育的重視卻都是一樣。

　　幼兒教育的目標在於培育幼兒成爲一個健全的個人

（total child），而課程即是達成此一教育目標的主要途徑。幼稚園的課程內容及實施情況不僅代表幼兒教育的品質，更是決定幼兒教育成敗之關鍵因素。而我國當前幼稚園的教育內容，卻面臨如下的瓶頸與危機。

一、升學主義影響幼稚園課程

國內在升學主義掛帥的教育方式下，即使幼兒教育也受到莫大的影響。目前大部份的幼稚園為顧及父母過度操急的期望，在課程的安排上往往偏重認知及記憶方面的訓練，而忽略了情意及動作技能領域上的教育[6]。然而一個完善的幼兒教育課程，應涵蓋認知領域、情意領域，以及動作技能領域等多重目標，如此才能培育出身心健全的幼兒[7]。因此，如何發展出兼顧認知、情意以及動作技能等多重目標之幼稚園課程，益形重要。

二、幼稚園素質良莠不齊影響課程的設計與發展

目前我國的幼兒教育課程，除了根據民國七十六年一月行政院修訂公布的「幼稚園課程標準」之外，並沒有統一的教材限制與課程模式，因此幼稚園課程內容的選擇與設計，乃由各園自行安排，其用意在避免課程陷入固定的窠臼，以靈活適應各園之特殊條件[8]。然而，近年來我國

幼稚園如雨後春筍四處林立，並且以私人設立爲主，在程度上難免良莠不齊。多數幼稚園並未具備課程設計與課程發展的能力，遂形成了某些缺失，如設園目標模糊、課程缺乏理論基礎、課程內容有偏差、盲目採用坊間教材、課程設計傾向僵化的分科方式等等[9]。

根據一項一三九四所幼稚園的調查顯示，目前國內幼稚園自編教材者有五〇六所，佔百分之三五‧七；自編、他編兼用者有二一三所，佔百分之一五；完全採他編教材者有六七五所，佔百分之四七‧六[10]。其中有不少自編或購自坊間的教材，更在教師與學童比例過於懸殊以及欠缺專業素養的情況下，使得教學目標、活動綱要、教學資源、活動程序以及評量等方面經常掛一漏萬，再加上不能顧及團體、分組與個別的學習以及室內、戶外、與動靜的均衡發展，以致整個課程失去統合性、程序性和銜接性[11]。

三、未經本土化之國外幼教課程模式蔚爲風潮

隨著幼教思想的演進、社會環境的變遷以及幼稚園之間強烈的競爭風潮，家長們對幼稚園素質的要求已普遍提昇。幼稚園爲求生存，乃力圖求新求變，陸續從歐美和日本引進各種幼兒教育新方法和教材，使得幼稚園課程產生極大的衝擊和變革。

然而面對各種紛至沓來的新課程模式，絕大多數的幼稚園仍處於摸索與嘗試錯誤的階段。根據筆者實際從事幼稚園輔導工作的過程中也發現，許多園長及老師並未能真正了解新課程的理念與內涵，以致於在一知半解的情況下，東取一點，西截一段，形成大雜燴。雖然也有許多幼稚園園長及老師，有心脫離傳統教育的窠臼，並採納健全的幼兒教育課程，然而卻迷失於這些未經本土化的新課程模式之中，不知該如何應用與突破，而造成課程的僵化與偏差。

　　其中，蒙特梭利教育是目前國內最受矚目，採用之幼稚園數量增加最多的一種課程模式。在蒙特梭利風潮的吹襲之下，幼教老師紛紛蜂湧學習所謂的「蒙特梭利教學法」；然而遺憾的是，多數偏重在機械式的教具操作部份，而忽略了蒙特梭利教育的基本精神與真正內涵。

　　這些採用蒙特梭利教學的幼稚園，普遍最感吃力的一環，便是如何將行之已久的單元活動設計課程融入蒙特梭利教育中。

　　單元活動設計課程，是我國目前一般幼稚園中最主要的課程模式。從教育部於民國七十六年修訂公佈的幼稚園課程標準中，亦可以明顯看出其所依據的乃是單元活動設計課程。單元活動設計課程的優點，在於幼兒的學習活動和生活密切地結合在一起，以及幼兒所獲得的是完整的知識經驗。缺點則是幼兒不能獲得有系統的知識，以及缺乏

各種基本生活技能，有時則因爲太重視教材的統整原則，而流於教材本位。

根據筆者擔任蒙特梭利教師多年的經驗，發現在蒙特梭利教育中融入單元活動設計課程，不僅可以彌補彼此的缺點，更能使兩種課程模式原有的優點更加彰顯出來。

然而，國內幼稚園在普遍缺乏理論基礎的情況下，欲其自行建立一套兼顧統合性、程序性和銜接性的蒙特梭利單元活動設計課程，實屬不易。

更遺憾的是，我國幼兒教育的研究與發展起步較慢，目前幼教的學術研究與實際輔導，是我國各級教育中最弱的一環，似乎還趕不上社會大眾對此專業知識的需求。有鑑於此，筆者乃不揣淺陋，將這些年在國內外從事幼教輔導工作，以及實際在美國 AMS 與 AMI 蒙特梭利幼稚園任教期間所獲之經驗與心得整理成書，以饗讀者。

本書之付梓首先要感謝五南圖書出版公司楊榮川董事長的鼎力支持以及陳念祖主編與楊如萍小姐的費心編輯。而在撰寫期間，目睹愛女淮茵快樂而健全地成長所帶來的喜悅，則是本書完成的最大原動力；在實際教養的過程中，除了深深感受到母職的重要性，更慶幸由於所學之故，而能給予其均衡的教育與環境。最後，特別要感謝我的父母親與外子振田，由於他們在精神上的鼓勵，使我能在國內完成碩士課程並有一份安定的工作之後，還能夠再赴美國威斯康辛大學修習幼兒教育與心理碩士進而取得美

國蒙特梭利學會（AMS）教師與園長執照，並於回國後將本身對幼兒教育的理想，實現於最心愛的文字工作中。

周　逸　芬

謹識於風城

中華民國八十三年四月

目　　次

序　　言

第二部份：設計篇

設計蒙特梭利單元活動
應具備的實務與技巧

第三部份：應用篇

蒙特梭利幼兒單元活動設計
基本練習與實例

圖表目錄

幼教老師應該具備

的理論基礎

幼教課程的建立，如同建造一棟大樓，爲達成此一目標，幼教老師首先應做好「打樁奠基」的工作，亦即找出並界定那些構成幼教課程之「基礎」的東西，經過一番消化和統合之後，才能設計出適合幼兒身心發展的幼教課程。

　　所謂幼教課程的「理論基礎」，乃是指課程的理論來源、決定因素、以及影響或塑造課程內容與組織的一些基本「力量」（forces）12。本書將從以下四方面來探討幼教課程的理論基礎：

　　一、課程的基本概念。

　　二、心理學基礎。

　　三、哲學基礎。

　　四、社會學基礎。

第一章

課程的基本概念

第一節　課程的定義

課程的定義歸納而言，不外乎以課程爲學科（教材）、經驗、目標、計畫四類[13]：

一、以課程爲學科

以課程爲學科（教材）時，課程可以是一個科目、幾個科目或所有科目。課程除了被當做學科之外，亦被當做學科的內容或教材；而使教材具體化的物品，也經常被當做課程。

以課程爲學科其缺點爲易導致分科教學，幼兒難以自行統整經驗，而流於雜亂、片斷的學習[14]。優點是有助於學習內容的選擇[15]。

　　二、以課程爲經驗

　　以課程爲經驗時，課程包含學生在學校指導下的所有經驗，因此學生與學習環境中人、事、物的交互作用，十分重要。

　　學齡前幼兒尚處於以自我爲中心的階段，他的世界是一個與其個人興趣有關的世界，而不是一個事實與法則的世界。所以，幼兒的學習多以自己爲出發點，和環境中的人、事、物產生交互作用，藉以獲取各種經驗而成長。因此幼教課程應重視經驗的組織和提供，使幼兒經由多樣化的經驗而展開其內在的潛能及特質[16]。

　　三、以課程爲目標

　　以課程爲目標時，課程包含的是所欲達成的一組目標，強調課程目標的重要性，所以也著重於課程目標的選擇、組織、敘寫，並以此指導後來的教學活動。

　　以課程爲目標的優點在於有助於明確目標的建立，缺點在於目標乃是成人所設定的，若未深入瞭解幼兒能力、興趣和學

習本質，則目標易流於空泛、遙遠不易達成[17]。

四、以課程為計畫

以課程為計畫時，課程是預期的、有意圖的計畫，此計畫著重目標、內容、活動和評鑑的規劃。課程計畫的詳簡與否關係到教師教學的限制或創意空間，亦決定了教師教學前所需的努力程度[18]。

以上四種定義是由不同的角度來解釋「課程」的概念，因此所強調的重點各不相同。幼教老師在設計幼稚園課程時，切莫過度執著於某一課程定義，以免產生見樹不見林的毛病，而忽略其他課程定義的貢獻。

第二節　課程的結構

學校課程的結構，可區分為如下四種[19]：

㈠「形式課程」（formal curriculum）

「形式課程」是指教師有意計畫和教導的科目，例如課程標準、教科書、教學指引、教學目標之類的內容。

㈡「理想課程」（ideal curriculum）

「理想課程」是「形式課程」的基礎，能夠影響形式課程的內容，它奠基於整體社會的文化和傳統之上，例如尊敬師長、孝順父母的傳統。

㈢「潛在課程」（hidden curriculum）

學校教導的課程除了形式上可見到的課程外，還包括許多非形式的學習結果，亦即所謂的「潛在課程」。更具體的說，它是指學校文化、價值氣氛，或結構特徵、組織型態等對學生潛移默化的影響[20]。例如幼稚園老師之間不和，無論是互相公然指責或是暗地牽制對方，在這種不和睦的氣氛之下，最大的受害者往往是幼兒，這種影響亦可歸諸於「潛在課程」的一部份。

賈克森（Jackson, P.W., 1968, 1970）認為「潛在課程」對兒童社會化的影響遠比「形式課程」為大，但教育者往往只注意「形式課程」而忽略了「潛在課程」[21]。

㈣「空白課程」（null curriculum）

「空白課程」（null curriculum）一詞是艾斯納（Eisner, 1979）提出的概念。是指學校沒有教的或選擇不予施教的課程。艾斯納以心智過程為例，說明認知一詞原泛指一切與心智有關的過程，而許多人卻狹隘地界定為和語文、數字有關的思考，忽略了運用視、聽、嗅、味、觸等感覺官能，學校課程教

給學生的内容流於片面[22]。由此可見，探討空白課程的重要。

華威克（Warwick, 1975）說：「沒有理想課程則教育過程缺少統整和方向，流於雜亂而支離破碎；沒有顯著課程則原則和計畫變成好高騖遠，不能實現；沒有潛在課程則課程變成一愚人天堂，只有學習活動，而沒有人在接受教育[23]。」因此，幼教課程在設計上應力求兼顧，才能構成一整體的課程（total curriculum）。

第三節　課程的組織

課程的組織是指將課程的各種要素加以妥善安排，使其力量彼此相輔相成，對學生的學習效果產生最大的作用。反之，如果課程的組織不良，各種力量的效果不但無法做到極大化，且很可能互相衝突、抵消，而出現負面的效果，由此可知課程組織的重要性。

奧立佛（Oliver, A.I.）認爲課程組織應考慮三個層面：銜接性（articulation）、均衡性（balance）及繼續性（continuity），簡稱課程組織的ABC[24]。泰勒（Tyler, R.）指出有效的課程組織必須符合三個規準：繼續性（continuity）、順序性（sequence）及統整性（intergration）[25]。

以下針對順序性、繼續性及統整性三者加以探討[26]：

一、順序性

所謂順序性是指學習先後的問題，哪些該先教，哪些該後教，如果安排妥當，幼兒便易於吸收。雖然知識本身有其邏輯結構，但是幼兒吸收知識也有他們的程序與發展上的限制（請參考本書第二章第一節）。因此，課程設計者在組織課程之際，應該以幼兒的經驗能力、興趣及需要為出發點，才能設計出有益於幼兒身心發展的課程。

有關學齡前的幼兒學習先後次序的安排，有如下原則可供參考：由簡易到困難；由單純到複雜；由熟悉到不熟悉；由近及遠；由具體到抽象等等。

二、繼續性

所謂繼續性是指提供幼兒繼續發展、重複練習、避免遺忘的機會，例如老師在各種不同的活動與單元中，提供幼兒重複練習顏色分類的機會，以慢慢形成幼兒對顏色的辨識與分類能力。由於課程組織的繼續性並未有加深、加廣的涵意，因此應與繼續性相結合。

布魯納（Bruner, J.）的「螺旋式課程」（spiral curriculum）組織型態，便是繼續性和順序性結合的最佳代表[27]。所謂「螺旋式課程」是以一個重要的概念為中心，依次讓不同認

知發展階段的兒童學習，也就是說，只要教材的提示能適合幼兒的發展程度，幼兒就可以學習任何學科或教材（請參考本書第二章第一節的貳、布魯納的理論）。

總的來說，課程的組織應注重課程間的繼續性——重複基本的觀念，同時兼顧順序性——在內容上不斷加深加廣。最重要的是，老師（課程設計者）讓幼兒學習新經驗時，應該先評估幼兒的舊經驗是否有足夠的基礎及能力來學習新經驗；一旦幼兒對某項動作技能或認知達到熟能生巧時，就應偏重於更高層次的學習。

三、統整性

所謂統整性是指統合幼兒分割的學習狀態，讓各領域的學習得以關聯起來。人類的經驗和活動是一個整體，但是學校教育卻將這個整體區分爲語文、算術、音樂、美勞、體育等不同的領域來施教。甚至在學習場所方面，本來在家庭、社區、大自然與學校中均可學習，現在卻只有學校才被視爲學習的地方，很可能形成學校所學與社會生活並不相干的現象。

尤其學前階段的幼兒，其身心發展仍處於未分化的狀態，不僅無法將自我與外在世界加以分化，且凡事均以自我爲中心，甚至對於宇宙間各種事物的觀察都是整體性的，無法做客觀而有系統的分析。因此，就課程組織的統整性來說，幼兒課程在施行角落教學之餘，應配合採用單元或主題式的課程設

計；至於活動的安排方面，應該是校內活動與校外活動並重，增加彼此間的交流與應用，使幼兒的校內生活與校外生活統合為一體。更重要的是，幼兒的課程應包括認知、情意與動作技能等多重目標，方能培育出身心健全的幼兒。

　　如上所述，幼兒對於宇宙間事物的觀察是整體性的，因此，課程組織應由整體開始，概觀所有的學習內容和經驗，提供幼兒一個整體的理解，然後再開始進行各部份的學習，亦即由整體而分化，再由分化而整體。這並不是一種水平式的歷程，而是每一次的統合，均應較前一統合更高一層次，如下圖所示[28]：

圖一：分化與統合

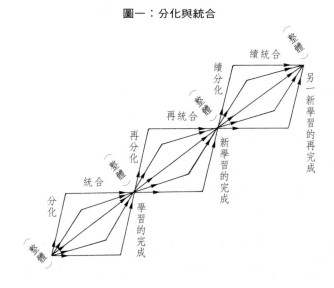

第四節 幼教課程模式的概念

課程「模式」（model）是一種以哲學或理論為基礎所演繹出來，將最具代表性的理論付諸於計畫，它是理想的概念架構，用來決定教育目的、行政政策、課程內容、及教學方法[29]。所謂幼教課程「模式化」，即依據某一幼教思想家或幼兒發展理論，來引導幼兒教育的實行，例如蒙特梭利教育（Montessori Education Model）、認知導向（Cognitive Oriented Model）、開放教育（Open Education M odel）等。

美國幼教課程自「續接教育方案」（Project Follow Through）起，開始走上模式化的趨勢。幼兒教育模式化之所以成為當代幼教的發展趨勢，乃因為[30]：

1. 它提供一清楚且有系統的發展架構，肯定方向，減少知其然而不知其所以然，或盲目摸索的發生。它使幼兒教育的發展從嘗試錯誤的經驗法，走進理論與實際的融合。

2. 它本身即是學理、實務與研究的結合體；學理帶動實務，實務刺激研究，研究回饋學理並改善實務。

3. 它是一種活的系統，藉著評估與回應，模式每一刻都在進化演變中，而且朝著理想的教育方向。

4.它提供一個良好的溝通管道給指導者、老師及消費者；前兩者可以清楚的知道他們爲什麼做、做什麼，及如何做；後者則可以知道他期待什麼。

伊凡斯（Evans, E.D.）以爲一個完整的課程模式需具備如下四個條件：(1)理論基礎；(2)教育目標；(3)課程內容、組織及教學方法；(4)評估標準及方法（它們之間的關係如圖二所示）[31]。

圖二：幼教課程模式之架構

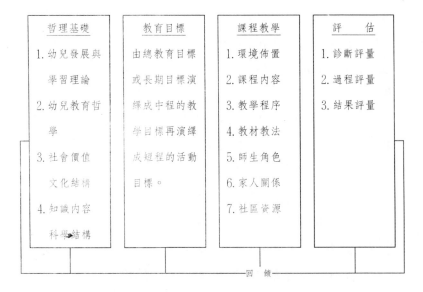

資料來源：邱志鵬，「當代幼兒教育哲理之發展」，國教月刊，32卷，7.8期，民74，10月，頁24。

圖三：我國幼稚園課程發展模式

輸　　入	維持系統		輸　　出

輸　入	程　序	原則	輸　出
1.專業教育背景			1.老師的引導
2.過去經驗	1.課程內容的取材		(1)環境的佈置
3.社會思潮	(1)事實		(2)引起動機
4.在職進修	(2)技能		(3)活動的引導
觀摩教學	(3)關鍵概念		2.幼兒的學習
研討會	(4)統整生活		(1)專注的行為
參觀	2.內容的組織	繼續性	(2)自由的創意表現
5.園的條件	(1)單元	順序性	(3)與人正常的溝通
6.園務會議	(2)活動	統整性	3.行為的回饋
7.其他	(3)教學目標		
	(4)科目		
	3.活動的設計	銜接性	
	(1)分組問題	穩定性	
	(2)時間規劃		
	4.教材的選擇	平衡性	
		多樣性	
		生動有	
		趣性	

↓　　　　　　　　↓　　　　　　　　↓

幼教理念	計　劃	經　驗

評　價

資料來源：黃意舒，「我國幼稚園課程發展模式──質的分析研究」，師大，民76，頁2。

黃意舒認為我國幼稚園課程的發展模式具有如下架構：(1)
幼教理念；(2)幼教課程的計畫；(3)幼教課程的經驗；(4)評估標
準及方法。她指出課程發展初期並不需要明確的幼教目標，但
需有統整的「幼教理念」，「幼教理念」促進「計劃」的產
生，「計劃」促進「經驗」的處理，「評價」則是在課程發展
的過程中，對原理原則之反省、思考、統整及應用的歷程（此
一模式的內容及關係如圖三所示）[32]。

　　由上可知，理論基礎是整個幼教課程模式的精神所在；課
程計劃（目標）與教學是模式運作的主體；課程評量是模式的
動力來源。

第二章

心理學基礎

隨著二十世紀心理學研究的興起與發達，幼兒教育逐漸受兒童發展與學習理論的啟示與影響而邁入新的境界。總的來說，心理學研究中影響幼兒教育最爲深遠的包括：

㈠認知發展論（Cognitive Development Theory）

以皮亞傑（Piaget, J.）、布魯納（Bruner, J.S.）爲代表。

㈡心理動力論（Psychodynamic Theory）

以佛洛依德（Freud, S.）、艾立克森（Erikson, E.H.）爲代表。

㈢人本心理學（Humanistic Theory）

以馬斯洛（Maslow, A.H.）、羅嘉斯（Rogers, C.）爲代表。

㈣社會學習論（Social Learning Theory）

以班度拉（Bandura, A.）爲代表。

㈤蒙特梭利心理學（Montessori Psychology）

以蒙特梭利（Montessori, M.）爲代表。

第一節　認知發展論

認知發展論（Cognitive Development Theory）主要在闡述人類之智能或思考能力的發展過程，以皮亞傑（Piaget, J.）與布魯納（Bruner, J.S.）的理論爲代表。

壹、皮亞傑的理論

皮亞傑對幼兒發展與學習的主要論點如下[33]：

一、幼兒的心理結構（mental structures）在「質」方面與成人不同，幼兒並非小成人。

二、幼兒是主動的學習者，成人無法將知識傳授給幼兒，知識必須透過幼兒自身的活動來進行探索與建構。動作可以幫助心智的發展，而心智又更新下一個動作的表達方式，兩者為一種循環的關係。

三、真正持久而穩固的學習，有賴於智能結構的重建。如果必要的智能結構沒有出現，便不是真正的學習，而且不會持久。

四、人類智能的發展可區分為四個階段，即(1)感覺動作期（Sensorimotor Period）：約出生至二歲；(2)運思前期（Preoperational period）：約二至七歲；(3)具體運思期（concrete operations period）：約七至十一、十二歲；(4)形式運思期（formal operations period）：約十二歲至成年人。

五、所有兒童的智能發展都依循著一定的順序，但是每個人所經歷的年齡不一定完全相同。

六、幼兒的心理結構能從較低層次發展至較高層次，主要是受到以下四個因素影響：

㈠成　熟
即生理上的成熟，特別是指中樞神經系統的成熟。

㈡經　驗
即手的操弄、身體的動作、以及對具體實物的思考歷程等等。

（三）社會行為的互動

包括與他人（尤其是其他孩子）一起遊戲、説話、與工作等等。

（四）平　　衡

是指將成熟、經驗，與社會化三者融合在一起，以重新建立智能結構的過程。

七、認知功能：包括「組織」（organization）與「適應」（adaptation）。智能的發展係依據「組織」與「適應」這兩種與生俱有的功能而發生的，二者同屬一種機械作用的兩項互補歷程。

（一）組　　織

「組織」代表機械作用的内在方面，是指個體在與環境互動的過程中，其心理結構由較簡單的看、觸摸、命名，而重新建立爲較高層次的心理結構。個體因此建構屬於自己的系統來思考這個世界。

（二）適　　應

「適應」構成機械作用的外在方面，是指個體受環境限制而不斷改變認知結構，以求其内在認知與外在環境經常保持平衡的歷程。

八、個體在適應時，會有「同化」（assimilation）及

「調整」（accommodation）兩種彼此互補的歷程。「同化」是指個體以其既有的認知結構爲基礎，去吸收新經驗。「調整」是指個體遇到新的情境，原有的認知結構不能適合環境要求時，只得改變原有的認知結構來符合環境的要求。

例如新生嬰兒都有吮吸的反射動作，當母親把乳頭放進嬰兒嘴裏，嬰兒就會開始吮吸而吃到奶。有了多次這種動作之後，只要嬰兒碰到母親的胸部，就會鑽動著頭，用嘴去尋找乳頭，直到他含到乳頭才開始吮吸吃奶。

「同化」就是把外界的對象（如乳頭）納入自己基本的行爲模式（吮吸反射）裏。「調整」則是改變自己的行爲模式（如鑽動頭部，尋找乳頭）以適應外界對象（乳頭）。「同化」和「調整」是一個過程的兩面，人類的各種基模（schema）透過「同化」和「調整」而發生變化，以適應新環境，就叫做「平衡」（equilibrium）。

九、皮亞傑認爲「知識」可分爲如下三種形式：

(一)物理的知識

是指物體的特性和物理作用。此種知識可以透過直接經驗與觀察而獲得，例如物體的大小、形狀、顏色等等。

(二)邏輯數學的知識

是指物體間的關係，例如分類、序列、數字等。這種知識大約在七歲至十二歲之間才會充分發展。

⸝三⸝社會知識

是指社會有關之文化與習俗，例如語言、音樂等。這一類的知識是透過語言及示範而傳遞的。

十、幼稚園的幼兒（四～六歲）屬於「運思前期」（preoperational period）的直覺階段（intuitive stage），此一階段的幼兒是以直覺的方式推理，而非邏輯的思考，這些幼兒具有下列特徵：

㈠不善於理解事件發生的次序。

㈡不善於解釋事情的因果關係。

㈢不善於瞭解數字之間的關係。

㈣不善於精確地瞭解其他說話者的真正意思。

㈤不善於瞭解與記住規則。

㈥不善於同時思考「整體」與「部份」。

由上可知，幼兒可以學些什麼以及用什麼方式學習，係受其智能發展的限制。

十一、幼兒道德認知發展：皮亞傑認為道德的發展與兒童認知能力的發展齊頭並進，強調道德認知是以個體認知結構為基礎的自然發展。皮亞傑將道德認知的發展分為如下三個時期：

㈠無道德期

約五、六歲以前，此一時期的孩子其規則意識很有限，傾向於盲目服從權威。由於智能結構的限制，使他們不善於從另

一個角度來思考事情。

㈡他律期

約五至八歲,以學前幼兒居多數。此一時期的幼兒逐漸有規則意識,但認為規則是不可改變的。他們相信一個人行為的對與錯,取決於是否遵守規定,以及是否受到懲罰。亦即只考慮行為的後果(打破杯子就是壞事),不考慮行為的動機。

㈢自律期

七至十二歲以後。此一時期的兒童不再盲目服從權威,他們認為一個人行為的對與錯,除了要看行為的「結果」,也要考慮當事人的動機,作為判斷的標準。

柯柏格(kohlberg, L)是皮亞傑道德認知發展理論的追隨者,卻青出於藍而勝於藍,建立比皮亞傑更為完整而詳細的道德發展理論。他認為學前幼兒屬於「避罰服從取向」(punishment and obedience orientation)的階段,此一階段的幼兒尚缺乏是非善惡的觀念,只因恐懼懲罰而服從規範[34]。

貳、布魯納的理論

布魯納(Bruner, J.S.)是另一位具代表性的認知發展論

學者，他提出教學的理論，以促進兒童認知發展與學習，貢獻卓著。他認爲兒童的認知發展會經過如下三個階段[35]：

(一)動作的階段（enactive stage）

自出生至兩歲左右，幼兒多靠身體的動作去了解周圍的世界；亦即由走、跳、看、聞、嚐、觸等動作的感覺經驗中獲取知識，探究（exploration）和遊戲是最好的學習方式。

(二)形象的階段（iconic stage）

三至五歲左右的幼兒，能夠利用影像、圖片、模型等來學習。

(三)符號的階段（symbolic stage）

兒童在六、七歲以後，能夠運用抽象的符號吸取知識，而且也可運用文字、數字、圖形等符號，當做思考的工具。

就知識的性質而言，布魯納認爲「求知是一種過程而非成果[36]。」他主張採用「發現教學法」（discovery learning），讓學生自己有嘗試和探索的各種機會。使兒童操作各種教材，處理不一致和衝突的問題，自行發現教材的重要結構並與自己內部的認知結構相配合。他認爲教師並未教給學生任何新的事物，只不過是幫助學生把他已經知道的事物重新加以組織，使他們能較明顯的爲學生所注意或發現而已[37]。因此，

布魯納和皮亞傑一樣，強調幼兒學習的目的並不在於「結果」，而是在於「過程」；「學習如何學習」（learn how to learn）本身，要比「發現什麼」來得重要。

布魯納認為，過去考慮學習預備度（readiness），都是以教材為中心，要等到幼兒成熟得可以學習這種教材了，才教他學習，布魯納表示，教材的提示若能適合兒童的發展，兒童就可以學習任何學科或教材，亦即教材的提示可以在動作的層次、形象的層次或符號的層次，端視幼兒的發展層次而定。誠如他提出的著名假設：「任何一門學科都可以利用某種心智上真實的方式，有效地教給任何發展階段的任何兒童[38]。」

因此，布魯納提倡「螺旋狀課程」（spiral curriculum），以一個重要的概念（結構）為中心，依次讓不同認知發展階段的兒童學習[39]。

第二節　心理動力論

以心理動力論（Psychodynamic Theory）解釋兒童發展源自於佛洛依德（Freud, S.）的心理分析論（psychoanalysis）；其學說經由容格（Jung, C.G.）、艾立克森（Erikson, E.H.）等人之發揚修正，改而重視個體發展過程中社會與文化的因素，形成新心理分析論。兩者則合稱為「心理動力

論」，對幼兒教育有很重要的影響[40]。

壹、佛洛依德的心理分析論

佛洛依德是心理分析論的創始者。他認爲基本的人格架構是建立在幼兒五歲之前，幼年時期的親子關係及父母的教養方式，決定幼兒一生的發展[41]。心理分析論的主要論點，可歸納爲如下三方面[42]：

一、人格結構

佛洛依德認爲人格是一個整體，這個整體是由三部份所構成：「本我」（id）、「自我」（ego）、與「超我」（supe-rego）。這三部份各具功能與特色，但彼此間關係密切。人類所有的行爲均由三者交互作用所支配，可視爲一體三面，三者平衡發展始能構成正常的人格。

㈠本 我

「本我」是人格結構中最原始的部份，它包括人性的本能與生理上的衝動，例如饑餓與性慾。佛洛依德認爲新生兒的人格結構是由「本我」的原始衝動所組成，例如嬰兒肚子餓時希望立刻有奶喝，如果此一慾望未能即時被滿足，其「本我」的

衝動便會帶來極大的緊張與不安。基本上，「本我」是受「享樂原則」（pleasure principle）所支配。

㈡自　我

「自我」是人格結構中合乎理性、有計劃、以及有組織的部份。它主要的功能在於幫助個體適應現實人生中的挫折、控制「本我」的本能衝動、以及調解「本我」與「超我」之間的衝突。佛洛依德指出，「自我」是在嬰兒第一年後期至第二年之間，逐漸由「本我」中分化而來。基本上，「自我」是受「現實原則」（reality principle）所支配。

㈢超　我

「超我」在人格結構中，是「本我」與「自我」的監督者。它包括兩個部份：一為「良知」（the conscience），當我們的行為觸犯道德規範時，內心會產生罪惡感而形成自我管制的力量；另一部份為「自我理想」（ego-ideal），當自己的所做所為符合心目中的理想時，會感到自豪，而更加自愛。

「超我」的形成是幼兒發展過程中，父母管教與社會化的結果。它不僅能管制「本我」的衝動、引導「自我」從較低層次的現實目標中跳脫出來，更能帶領個體去追求完美的境界。

二、意識層次

佛洛依德認為人的心如一座冰山，只有一小部份浮出水面，即「意識狀態」（the conscious），而大部份掩蓋於水平面之下的是「潛意識狀態」（the unconscious），介於二者之間的是「下意識狀態」（the preconscious）。

㈠意識狀態

個體對自己身心活動隨時均可察覺的現象，即為「意識狀態」。佛洛依德指出，發生於「意識狀態」中的心理活動僅佔極有限的部份，有如冰山之一角。

㈡下意識

「下意識」介於「意識」與「潛意識」之間。它與「潛意識」最大的區別在於「潛意識」中積壓的經驗，個人無法記憶；而「下意識」中的經驗是可以記憶的，只是比「意識狀態」困難些。例如當我們面對複雜的問題或創作時，突然而來的靈感便是來自「下意識」，這種情況往往發生於個體呈現放鬆狀態或臨睡之前。

㈢潛意識

「潛意識」在個體的心理機制中具有支配的力量。佛洛依

德指出，人們那些經過壓抑的痛苦、外傷經驗、或無法接受的打擊等等，會停留在個體的潛意識中；它們並非呈現靜止狀態，而是主動而動態的。

　　壓抑本身在過程上雖然是無意識的，但它會消耗心理上的能量；而且壓抑並不能永遠地抑制住潛意識的衝動，因此這些經驗與衝動便以曲解而不合理的方式出現，例如作夢、尿床、以及神經症等。

圖四：佛洛依德的意識層次與人格結構圖

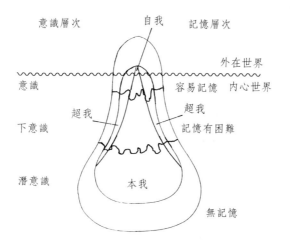

資料來源：Muuss, R.E. "Theories of Adolescence",
Random House, Inc., 1988, P.28。

三、人格發展

佛洛依德認為嬰幼兒時期為人格發展的最重要階段。在此階段中，個體的人格大致形成，並且延續其一生。根據佛洛依德的理論，人格的發展必須經過如下五個時期：

(一)口腔期（oral stage）

出生至一歲左右的嬰兒，其原始慾力的需求，主要靠口腔部位的吸吮、咀嚼、吞嚥等活動獲得滿足。嬰兒的快樂多得自口腔活動，如果此一時期的口腔活動受到限制，可能會留下後遺性的不良影響，如抽煙、飲食過量等。

(二)肛門期（anal stage）

一至三歲左右的幼兒，其原始慾力的需求，主要靠大小便排洩時所生的刺激快感獲得滿足。此時期的如廁訓練對幼兒來說是重要的關鍵。它有助於幼兒區別自己與外在世界的差異，對「自我」的發展很有幫助；但是如果管制過嚴，可能會產生長期的不良影響，如過份要求秩序、整齊、潔癖等。

(三)性器期（phallic stage）

三至六歲左右的幼兒，其原始慾力的需求，主要靠性器官的部位獲得滿足，因而對自己的性器有強烈的心理感覺。以男

孩為例，此時男孩對母親產生愛慕感情，即所謂的「戀母情結」（Oedipus Complex）。一方面他想取代父親而擁有母親，另一方面卻因自己的性器與各方面均不如父親而心生畏懼與罪惡感。這種心理衝突稍後將會自行化解，從原來的敵對轉變為以父親為楷模，亦即「認同」父親，包括其男性角色、態度、意見及道德標準等。類似的心理歷程也會發生在女童身上。

經由「認同」過程，幼兒不僅內化了同性父母的性別角色，更內化了父母的標準與道德規範，而形成「超我」（super ego），並以此作為行為的準則。良心或超我代表內化了的父母，它相當嚴厲而且具懲罰性。良心的發展可以幫助幼兒於父母不在跟前時，也能按照道德規範來行動，抵制外界的誘惑，這是一個從外部控制，轉向內部控制的一個不斷內化的過程。

(四)潛伏期（latent stage）

七歲以後兒童的興趣，由對自己身體與父母的感情，擴大到周圍的事物，原始慾力呈現潛伏狀態。男女兒童之間的感情較前疏遠，團體活動多呈男女分離趨勢。

(五)兩性期（genital stage）

青春期以後的青年男女，由於性器官成熟，兩性差異開始顯著，性的需求轉向年齡接近的異性。

以上五個時期中，前三時期是以身體的部位命名，原因即六歲以前的幼兒，其「本我」中的基本需求是靠身體上這些部位獲得滿足。在六歲以前，如果某一時期幼兒在行為上受到過份限制或放縱，致使幼兒未能在需求上獲得適度滿足，就可能產生發展遲滯現象，此現象即稱為「固著作用」（fixation）。因此，佛洛依德認為，人類一生人格的發展，是以六歲之前的三個時期為基礎。

貳、艾立克森的心理社會發展論

艾立克森（Erikson, E.H.）為當代心理分析大師之一，他以佛洛依德的理論為基礎，發展出一種新的「心理社會發展論」（Psychosocial Theory of Development），尤其在幼兒教育方面的貢獻頗大。

艾立克森認為，人在經歷每個發展階段時，受到文化與社會之影響，會形成某些重要的基本行為態度。在任何階段如果發生社會適應的困難，那麼在心理上就會產生心理危機，並會阻礙以後各階段的發展。艾立克森按照每個階段正面與負面發展的可能情形，將人的一生分成八個階段，以下簡略說明零至六歲幼兒的三個階段[43]：

一、信任／不信任(basic trust vs. basic mistrust)

年齡：出生至一歲半左右。

人格發展第一階段的主要任務爲培養嬰兒的信任感，使他對人產生最基本的信任。母親或母親替代人若適時適量地滿足嬰兒的需求，他會對母親產生信任，並以此爲基礎，擴展爲對一般人的信任。

二、活潑主動／害羞懷疑(autonomy vs. doubt & shame)

年齡：一歲半至三歲左右。

此階段的主要任務爲培養幼兒的自主性。當孩子開始嘗試說話、走路、或如廁而成功時，應予以誇獎，失敗時不隨意責罵或懲罰，孩子會漸漸培養出主動意識。若失敗太多，會產生羞愧懷疑的意識。

三、積極進取／愧疚罪惡(initiative vs. guilt)

年齡：三歲至六歲左右。

學前幼兒最重要的發展是主動探索外在的環境事物，表現他們的好奇心與創造性，如果他們的主動探索常受到限制或阻

止，幼兒可能會退縮而心生罪惡感。相反的，若成人不阻止他，只是從旁鼓勵與觀察並防範危險發生，可激勵他形成積極進取的意識。

第三節　人本心理學

人本心理學（Humanistic Psychology Theory）乃是針對心理分析論與行爲學派而興起的所謂心理學「第三勢力」。其代表心理學家爲馬斯洛（Maslow, A.H.）與羅嘉斯（Rogers, C.）等人。其理論的基本觀點爲注重人類主觀意識經驗，強調個人基本上是統一的個體，生命的意義即在自我的實現[44]。

由於人本主義理論強調人的尊嚴和價值、個體的統一、和自我實現等，促使幼兒教育者注意到幼兒整體的發展，及各方面潛能的實現，同時也注意到以幼兒的感覺和關係爲中心的情感教育[45]。

壹、馬斯洛的需求層次論

馬斯洛（Maslow, A.H.）的需求層次論（Need Hierarchy Theory），主張人有一種積極努力追求成長的傾向，這種成長發展的內在力量是動機；動機是由多種不同性質的需求所組成，而各種需求之間，有先後順序與高低層次之分，當較低層次的需求獲得滿足時，較高層次的需求便隨之出現[46]。馬斯洛將人類的需求歸納為下列五種[47]：

㈠生理需求（physiological needs）
維持生存之需求，例如吃、喝、睡眠等。

㈡安全需求（safety needs）
希求保護與免於威脅的安全感。

㈢愛與隸屬需求（love and belongingness needs）
被人接納、關心、欣賞、支持等。

㈣尊重需求（esteem needs）
受人尊重與希求個人有價值。

㈤自我實現需求（self-actualization）
身心各方面的潛力獲得充分發展，在精神層面達到人生至高境界。

馬斯洛的需求層次論亦可應用在幼兒發展上，如圖五[48]：

圖五：學前幼兒的需求層次圖

自我實現
需求：獨立、自主

尊重需求：成功的經驗

愛與隸屬需求：人際關係

安全需求：秩序

生理需求：動作

資料來源：Lundin, R.W.: Theories and Systems of Psychology. Lexington, MA: D.C. Heath and Company, 1985.

貳、羅嘉斯的人格自我論

　　羅嘉斯（Rogers, C.）認為自我觀念（self-concept）的形成，乃是個體直接經驗（來自本身）與評價經驗（來自他人）的綜合結果。幼兒根據直接經驗與評價經驗形成自我觀念時，對別人懷有一種強烈尋求「積極關注」（positive regard）的心理傾向。所謂「積極關注」就是好評，希望別人以積極的態度支持自己。當幼兒從直接經驗獲得別人的好評時，他的自我觀念將更加明確，並因此繼續健康地成長。「積極關注」可分為如下兩種[49]：

㈠無條件積極關注（ unconditional positive regard ）

例如對孩子的學業，只表示關心愛護而不苛求施壓，甚至對孩子帶回家的成績單，儘量以勉勵代替懲罰。

㈡有條件積極關注（ conditional positive regard ）

例如父母望子成龍、望女成鳳心切，除強制其參加補習之外，並且和孩子交換條件：除非每次月考名列前十名之內，否則週末不准外出。

羅嘉斯建議父母及老師，對於成長中的孩子，應儘量提供無條件的積極關注，使他們在自然的情境中，形成和諧的自我觀念，從而奠定其自我實現的人格基礎[50]。

第四節　社會學習論

班度拉（ Bandura, A. ）是行為學派（ Behaviorist Theory ）的修正者，他有感於行為主義過於重視外在強化作用的控制，而忽略個體對其行為的自主性與社會因素，於是，從交互決定論的觀點，提出「社會學習論」（ Social Learning Theory ）。

班度拉認為行為的學習除了透過幼兒本身的直接經驗外，

間接經驗亦扮演十分重要的角色[51]。他指出幼兒在行為上的學習，大多是透過對「楷模」（model）的觀察與模倣而獲得。這種「楷模」可以是現實生活中的某個人，也可以是影片或小說中的主人翁。當幼兒注意觀察這些楷摸的行為及其行為結果時，會驅使他去學習這種行為或抑制自己去做這種行為。幼兒的「觀察學習」可以分為如下兩種[52]：

一、直接的模倣與反模倣

㈠直接模倣

例如一個小孩看到姊姊掃地，受到父母讚賞，他立刻模倣姊姊的行為也跑去掃地，或在日後環境有利的條件下，在家裏掃地或做出同類的行為，就是直接模倣。

㈡直接反模倣

例如一個小孩看到哥哥和人吵架，受到父母責備，小孩把它當作一種教訓記在心中，而在日後抑制自己不去做類似的事情，或做出「相反」的好行為，就是所謂的「直接反模倣」。

二、抑制和抑制解除

㈠抑　制

例如一個小孩看到老師處罰在班上搗亂的同學，使他不敢

遲交作業。「楷模」的行為後果可以「抑制」幼兒產生同類行為。

㈡抑制解除

例如一個小孩看到電視中激烈的打殺場面後，便經常發脾氣或大吼。這個孩子雖未有意地模倣電視裏的行為，卻自然而然地恢復了以前習得的同類行為。也就是說，原先受到「抑制」的行為獲得「解除」。

第五節　蒙特梭利心理學

蒙特梭利（Montessori, M.）是義大利的教育家，她的教育思想融合了哲學與科學，對幼兒發展的見解與近代發展與教育心理學的理論有諸多不謀而合之處，以下就是蒙特梭利心理學的幾項重要理論。

壹、吸收性心智

蒙特梭利（Montessori, M.）認為，零至六歲的幼兒，其心智屬於「吸收性心智」（the absorbent mind）。有關幼兒

的「吸收性心智」，蒙特梭利在其著作中有諸多闡述，以下是她的論點[53]：

一、幼兒的心智和成人不同

成人和所獲得的知識之間是分離的，如同花瓶與水，兩者並未混合在一起。幼兒所獲得的知識卻經歷了徹底的變化，就像鹽溶入水中一樣；這些印象進入幼兒的心智中，構成幼兒的心智，成爲幼兒身體的一部份。幼兒運用這些與環境接觸所得到的經驗，而創造出屬於自己的「智能肌肉」，這種智能型態即爲「吸收性心智」。

二、無意識、潛意識與意識

吸收性心智包括無意識、潛意識與意識等三個部份，分別說明如下：

㈠無意識

它與生命衝動同存，是一股促使幼兒與環境互動的原動力。

㈡潛意識

如上所述，無意識（生命衝動）促使幼兒與四周環境發生

第二章　心理學基礎

互動，而潛意識就是透過這些互動經驗而建立的一種心智狀態。

（三）意　識

是由幼兒逐漸甦醒的意識所建立。

三、從無意識期到意識期

幼兒的吸收性心智可分為如下兩個「時期」：

（一）無意識期

約零至三歲。幼兒是在毫不費力的無意識狀態下從四周環境吸收各種印象。

（二）意識期

約三至六歲。幼兒是在有意識的狀態下，毫不費力地從四周環境吸收與學習。

從無意識期到意識期，要經由幼兒的活動來促成。也就是說，幼兒用雙手做為智慧的工具，他的觸覺使原先吸收的潛意識心智中的東西變為有意識。

例如一位玩耍中的三歲幼兒，正是將潛意識心智中的東西表現出來，使它轉變為有意識。這種向外表現的經驗看起來是

遊戲，其實他是在檢視那些潛意識中的事物與印象。

　　再以幼兒的語言發展爲例，幼兒在無意識建構階段（零至三歲）所經歷的語言活動，會延續到緩緩甦醒的有意識追求完美階段（三至六歲）。也就是說，潛意識先儲備語言，接著意識的活動才慢慢開始從潛意識把一切接收過來。

　　幼兒的心智在「質」方面與成人不同，我們不能僅以口授的方式教他，也不能直接干涉他從潛意識進入意識的過程。

四、幼兒自我建構的三股力量

　　蒙特梭利以「何默」（Horme）、「牧內美」（Mne-me）、及「星雲」（Nebulae）這三個科學名詞，來形容幼兒內在的三股力量如何輔助幼兒自我建構，它們與前面提及的無意識、潛意識、及意識互有關係。

㈠何默（Horme）
　　相當於「無意識」。幼兒的內在有一股生命力，刺激他從事各種活動，一步步走向目標，這股生命力也可說是一種天賜的衝動，是所有進化的原動力。

㈡牧內美（Menme）
　　相當於「潛意識」。它是幼兒內在一股有生命力的超級記憶能力，它雖然是無意識的，卻能使幼兒記住所看到的形象，

並吸入個體生命中，成爲其心靈的一部份。它不僅創造了個體的特徵，而且使這些特徵持續存在。

　　例如，社會習慣與道德文化是在幼兒期形成的，它們塑造了一個人的人格、情操與其他各種的情感，使他成爲典型的中國人、印度人或義大利人。

㈢星雲（Nebulae）

　　它的概念，類似於引導幼兒吸收環境中之活動經驗的一種創造性能量。

　　例如，幼兒之所以能「適應」周遭的環境，並且表現出環境中的社會行爲，並不是幼兒所屬的種族將其早先的行爲模式遺傳給現代文明，而是這些「星雲」給予幼兒能力，使他在出生後能夠吸收其周圍環境中特有的行爲模式。

　　另外，以語言發展爲例，很顯然的，幼兒並未承襲一套預先建立好的語言模式，而是繼承了以潛意識的吸收活動來建構語言的能力，這種潛能就是語言的「星雲」。

　　幼兒其他方面的精神表現，也都是如此形成的。總而言之，精神的有機體，是一個具有活動力的整體，它能夠藉著在環境中的自由活動經驗，而改變其結構。

貳、幼兒的敏感期

蒙特梭利將「敏感期」（sensitive period）分爲三大階段：⑴零至六歲；⑵六至十二歲；⑶十二至十八歲。本書係以零至六歲幼兒的敏感期爲討論重點。

蒙特梭利指出，零至六歲的幼兒在敏感期間內，會受內在生命衝動所刺激，以高度的興趣與熱情去吸收四周環境的事物。

在敏感期間內，幼兒會持續重複某種行爲一段時間，直到擁有新的能力爲止。這種建立新能力的成熟過程並非外顯易見，而是以一種突然而令人震撼的方式出現；而且一旦新能力產生，那些重複的行爲也就消失了。在這同時，幼兒會開始另一套的重複行爲，以產生另一種新的能力。

如果幼兒在敏感期間內，未能適時配合內在的衝動而發展，此一自然學習的機會一旦錯過，將永不復得；甚至造成發展上的問題，阻礙幼兒的成長。

大體而言，蒙特梭利主張的敏感期有下列七項[54]：

一、感官（視覺、聽覺、嗅覺、味覺、觸覺）的發展

從出生至五歲左右是感官發展的敏感期。這段期間幼兒需

要充分運用其感官（看、聽、嗅、嚐、觸），對於能刺激其感官的東西，抱持極大的興趣。所以當父母阻止幼兒碰觸四周的東西或禁止其到處走動時，會使幼兒產生莫大的挫折感。

因此，與其阻止幼兒碰觸危險與不潔的東西，不如事先把危險的物品移走，爲幼兒佈置一個潔淨而安全的環境（包括大人在一旁觀察），任其運用感官自由探索。

二、秩　　序

幼兒對秩序的敏感期主要發生於最初的三年，兩歲時達到最高點，三歲開始下降。這段期間，幼兒對事物的秩序有強烈的需求，例如一本書或一枝筆沒有歸位，他們會堅持把該物品放回原處。而那些尚未學會走路的孩子，往往會因爲物品的位置混亂而感到不快，甚至出現啼鬧不休與焦躁的現象。對幼兒來說，秩序感是其生命的自然本質之一，就像土地之於動物、水之於魚。

如果幼兒對環境的印象與經驗，是建立在一種有秩序的形態之上，那麼孩子對世界的看法將具備穩固的基礎，藉此基礎得以培養有條不紊的語言表達能力。換言之，外在的秩序感有助於發展幼兒內在的秩序感。然而，外在的秩序感應如何培養呢？以下三點供讀者參考[55]：

㈠大多數的物品如家具、玩具、以及衣服等，儘量保持在相同的位置。

㈡維持規律的作息時間與地點。例如吃飯的時間與地點、何時及如何做完家事、家人出門及回家的時間等等。

㈢例行事項儘量採取相同的步驟；例如餵食、洗澡、穿衣、以及睡前活動等事項儘量採取相同的步驟。

許多父母都有如下的經驗：家中的兩歲幼兒突然無緣由地十分傷心，無論父母怎麼哄勸或餵食都沒有用，這時，幼兒很可能是由於大人不經意地改變了環境中某些細微事物原有的秩序，因而無法滿足幼兒對秩序感的強烈需求所致。如果我們大人在生活中不可避免地會出現無秩序而雜亂的現象，那麼不妨對幼兒的反應抱持體諒的態度，並且向孩子強調那些尚未改變的事物。

三、語　　言

蒙特梭利指出零至六歲是幼兒語言發展的「敏感期」。她將語言的敏感期分為如下兩個連續的階段：㈠無意識的建構階段：約零至三歲；㈡有意識的追求完美階段：約三至六歲。

㈠無意識建構階段

零至三歲的幼兒，是無意識地學會語言，他們具備天賦的能力，可以從環境中吸收人類語言的發音、文字及文法。這些文字的發音會創造令人無法置信的感動，並且在幼兒體內運轉一種看不見的「纖維組織」（fibers），這種「纖維組織」會

努力地振動，以製造出同樣的發音。這種經驗對我們而言，實在難以想像，蒙特梭利將其比喻爲在音樂會中聽到一首令人震撼的樂曲時，內心所受到的深刻感動，再強以數倍。

幼兒在兩歲半以前，語言的進步屬於「爆發性的現象」（explosive phenomena）；其中一歲半至兩歲爲「單字」的爆發，兩歲以後則是「句子」驚人地增加。例如許多幼兒在某一段期間似乎沒有任何進步，突然有一天，幼兒一下子獲致許多新的成就；從不會説話，突然迸出許多新字，或突然會運用一套組合句子的文法。

㈡有意識追求完美階段

兩歲半或三歲以後的幼兒，由於語言組織進入新的型態，不再有爆發性的現象，而是持續的發展，直到五、六歲。

這段期間，他們有意識而自發地學習更多生字以及改善句子的用法。兩歲半幼兒的字彙能力，平均只有兩、三百字，到了六歲時一躍而爲數千字，此一驚人的進步，乃是由於自然的獲得。

蒙特梭利指出，幼兒在無意識的建構階段所經歷的語言活動，會延續到緩緩甦醒的有意識追求完美階段。也就是説，語言的發展有雙重管道：潛意識先儲備語言，接著，意識的活動才慢慢開始從潛意識把一切接收過來。

四、細微的東西

一至二歲左右的幼兒，常常會將注意力集中於細微的事物上；例如成年人容易忽略的小昆蟲經常被幼兒發現，或是當我們和幼兒一同看一張圖片時，我們認為重要的主景往往不受幼兒青睞，幼兒注意的是背景中的細微之物。

這種對細微事物的重視，顯示出幼兒在心理發展上的改變。在此之前，最吸引幼兒目光的，往往是那些色彩鮮豔奪目、體積最大、移動最快、以及聲音最響的東西；然而，現在他們開始嘗試填補過去不足的經驗。

這段敏感期雖然短暫，卻十分重要。因為它能喚起孩子內在意志對注意力的控制，使孩子親近細微的事物、零碎的東西、微弱的聲音、以及隱暗的角落，這些經驗是他們過去所忽略的。此外，還可以培養其「專注」於細微事物的能力，同時，注意力也會更為持久。

五、動作的統合

此一敏感期意味著幼兒的身體，是在其意志的控制之下；例如，能夠正確而隨心所欲地使用手指、手掌、腿與足等等。通常幼兒無意識地完成或重複一個動作，純粹是為了獲得更大而準確的控制力。例如大人走路通常是為了達到某個目的地，

學步幼兒走路卻是爲了成就其內心深處一股有創造意義的渴望。他們一而再、再而三地上下樓梯，就是一個明顯的例子。

又如嬰兒不斷地抓握某種物品，也是爲了獲得更準確的動作控制力。因爲，每一次的抓握動作，都會在嬰兒腦海中留下記憶的痕跡，一旦嬰兒累積了足夠的記憶痕跡時，他就能夠自然而精確地抓握物品了。

動作是由腦、感官與肌肉這三者共同組成的精密機構所導致的最終結果。如果所發生的動作，與正在進行的智能活動有密切關聯，那麼，動作對智能的發展就具有極大的重要性。

動作可以幫助心智的發展，而心智又更新下一個動作的表達方式，兩者爲一體的兩面，爲一種循環的關係。從幼兒身上，我們可以明顯地看出，心智的發展是經由動作而來，幼兒使用他的動作來擴展他的理解。

動作不僅可以幫助心智的正常發展，更有助於幼兒人格的健全成長；它能帶給幼兒極大的滿足感、自信、以及豐富的內在。

六、社會行爲

社會行爲的敏感期始於兩歲半至五歲左右。幼兒從以前傾向於獨自玩耍，而日漸對於一些社會行爲的基本規則感到興趣；例如禮貌、進食習慣、溫文儒雅的舉止、以及體諒別人等等。

在這段期間，幼兒開始發現個人的行爲會受到他人感受與反應的影響，而團體的決定與趨向也會左右個人的行爲。此一敏感期使他們與玩伴間的友誼滋長，遊戲具有合作性，頑皮的行爲也開始暗藏了目的。

此後，六歲以上孩子的生活，大部份已融合了社會行爲之互動性，並開始大量汲取社會行爲與文化方面的知識。而兩歲半至五歲此一敏感期，正有助於孩子適應六歲以後的發展階段。

七、文　　化

蒙特梭利主張在三至六歲幼兒的教室中，藉著生動活潑的具體經驗，讓幼兒浸淫在文化領域的世界中，例如地理學、動物學、植物學等等。

她認爲幼兒的吸收性心智，能夠從四周環境中汲取文化方面的知識，並且以一種令人驚訝的方式保留在記憶深處，直到許多年以後，這些記憶將有如天賦的能力一般，成爲幼兒心智的一部份，使他們比別人更能有效率而正確地理解文化方面的抽象知識。

因此，對於正值敏感期的三至六歲幼兒，蒙特梭利不贊成直接教他們幾何、文法、地理、生物、動物學及科學等文化領域的知識；而是藉著一些生動活潑的具體經驗，灑下興趣的種子，爲幼兒的下一個階段，間接地預作準備。

叁、人類的傾向

蒙特梭利認為人類為了適應所處的文化與環境，必須發展出某些特定的行為，才能夠生存下去，這些特定的行為就是所謂「人類的傾向」（tendencies of man）。「人類的傾向」包括如下十六項[56]：

一、自我保護。

二、群居性。

三、溝通。

四、探索。

五、分類。

六、秩序。

七、創造性的想像力。

八、工作。

九、動作統合能力。

十、重複。

十一、好奇。

十二、推理和計算。

十三、盡最大的努力。

十四、專注。

十五、自我控制或追求完美。

十六、獨立。

　　以一位剛入幼稚園的三歲幼兒爲例，他在教室中將經歷上述所有的人類的傾向，最後發展成爲一個「正常化」的幼兒（有關正常化的意義請參考本章第肆部份）。然而，如果由於某些因素使這些傾向未能健全地發展或被壓抑，幼兒將表現出異常行爲，而導致適應不良的後果。以下是一位三歲幼兒經歷所有「人類的傾向」；而邁向「正常化」的故事：

　　一位三歲幼兒初次進入陌生的教室中，他可能會哭泣或緊握著母親的手（自我保護）。接著，他開始觀察別的幼兒在做些什麼、或是參與其他幼兒的活動（群居性）。過了一陣子，他可能會用動作或語言向其他幼兒表達自己的意思（溝通）；並且嘗試去了解教室的環境，包括摸、看、找等等（探索）。

　　漸漸地，他會根據自己的喜好及興趣去選擇教具（分類），並且把教具放回原處（秩序）。在操作教具或進行美勞活動時，他會運用想像力創作出屬於自己的作品（創造性想像力），這一切進行中的活動都可說是一種工作，而工作使他非常快樂（工作）。

　　在蒙特梭利教室中，他有興趣的工作項目很多，其中包括日常生活練習、在線上行走（動作統合的能力）等等。這位幼兒會不斷地重複進行他喜愛的工作項目，以滿足內在的需求（重複）。當他對某樣教具感到好奇而想去操作時，老師會配合他的程度加以引導以滿足其好奇心（好奇心）。

　　隨著日子的增長，幼兒的工作範圍逐漸擴及更高程度的日

常生活、感官及算術領域，並且也漸漸地了解和其他幼兒輪流使用教具的意義（推理和計算）。為了讓幼兒有機會在工作上盡最大的努力，老師儘量避免不必要的協助而扮演被動的觀察者角色（盡最大的努力）。

幼兒在工作中越來越專注，這是邁向「正常化」的第一步（專注）；並且由於在工作上的專注與樂此不疲，因而增強他的能量與心智能力，使他達到自制的境界（自我控制）。幼兒不輕易依賴他人的援助，會做的工作自己做，即使有一點困難也願意去嘗試解決困難，他已經成為一個具有強烈自立心與自主性的個體（獨立）。

上述這位幼兒能夠順利發展完成其「人類的傾向」，除了本身的因素外，還必須有成人的合作及成人的自我控制。以幼兒的工作為例，老師只有在最初向幼兒提示工作的步驟，然後就應退居觀察的角色，讓幼兒自己來操作；一旦幼兒建構出屬於自己的經驗後，其內心的那份安全感，將使他繼續在工作上運用創造性的想像力，追求完美的境界。反之，如果成人未能自我控制而干擾了幼兒的工作，使這些人類的傾向未能健全地發展，最後將導致幼兒適應不良的後果，甚至出現異常的行為。

肆、正常化

　　蒙特梭利認爲幼兒本來應該身心健康地正常發育，然而由於所處環境不當，導致其脫離正常的發育而出現偏態行爲。所謂「正常化」（normalization）是指幼兒的偏態特質消失，潛在的正常心智再度出現，好比恢復健康時，一切疾病癥候都會消失一樣。

圖六：正常及偏態兒童性格特徵

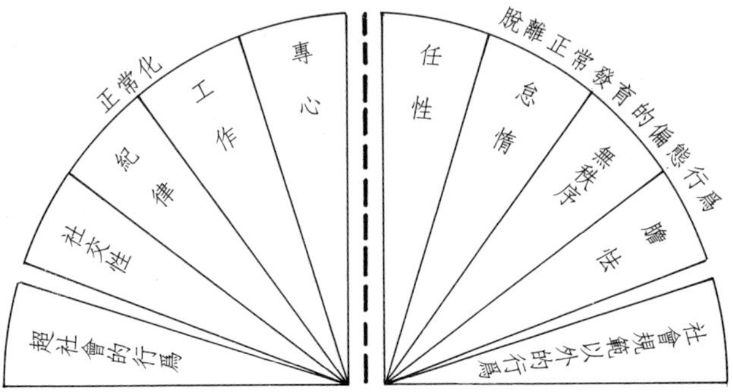

　　上圖中央粗而垂直的線條表示幼兒開始對某些事物特別專注。一旦幼兒開始集中精神，中央線右邊的缺陷就會全部消

失，只剩下左邊的特質，例如專注地工作、守紀律、對人親切熱情、喜愛交朋友等等。蒙特梭利將幼兒這種恢復正常狀態的現象稱爲「正常化」[57]。

一個「正常化」的幼兒，會自由地選擇有興趣的事物，並且將注意力集中於所獲得的知識上，而不是事物本身。相反的，有些幼兒熱切地渴望擁有某物，而一旦擁有了它，卻又將它丟棄或弄壞，這種佔有慾通常伴隨著破壞性。

例如，幼兒因爲喜歡花而把它摘下來，不久後卻把它們丟棄一旁或撕成碎片。但是如果幼兒認識花的構造、葉子的種類，或是葉的分枝情形，他就不會去摘它或是去破壞它，而是想去研究它。

也就是說，一個正常化的幼兒，不僅其興趣變成智性的，他的佔有慾也被提昇到較高的層面，在這個較高層次的興趣裏，不再是佔有慾，而是渴望去認識、去愛、去服務，並且以最謹慎的態度來照顧環境中的一切。

第三章

哲學基礎

杜威（Dewey, J.）說：「哲學是教育的一般原理，而教育是哲學的實驗室。」即教育的實施，必須以哲學理論爲憑藉，哲學的價值，則須以教育實施的結果來驗證[58]。

　　哲學不僅影響課程設計的理論，也影響課程設計的實際[59]，例如，幼教哲學思想便影響幼教的實施甚鉅。雖然幼教哲學的發展重心幾乎都在西方國家，但哲學所代表的價值批判，可經由文化背景的過濾而蛻變；而理論所代表的事實判斷，亦可經由泛文化的效標而調整[60]。因此，以下將針對西洋幼教思想做一番探討。

　　幼兒教育的哲學基礎，由歷史的演進觀之，主要淵源於康米紐斯（Comenius, J.A.）、盧梭（Rousseau, J.J.）、裴斯塔洛齊（Pestalozzi, J.H.），福祿貝爾（Froebel F.）、杜威（Dewey, J.）、蒙特梭利（Montessori, M.）等教育哲學家

的思想。以下即依序論列六位教育哲學家對於教育的信念與觀點，以釐清幼教課程的哲學基礎。

壹、康米紐斯

　　康米紐斯（Comenius, J.A., 1592－1670）是十七世紀捷克的教育家，也是第一位提出完整體系之幼教理論的學者。他認爲教育應該及早開始，自幼年期開始就對幼兒的天性加以啓發，若錯過此一受教育之最佳時期，則難達教育的目的[61]。

　　康米紐斯在《大教育學》一書中，根據人類發展程序，將學校教育劃分爲四個階段，每一階段各爲六年。其第一個階段稱爲「母親學校」，包括出生至六歲的幼兒。母親學校完全是指家庭教育而言，由母親擔任教師。主要的教育目的，在於養育幼兒健康的身體、練習刺激其感官，並且給予有關外界的基本知識，再從父母親的模範行爲獲得正確的啓示和信仰[62]。

　　康米紐斯在「大教育學」中，闡明了兩個基本思想[63]：

　　一、一切教學必須依循自然的秩序。

　　二、對幼兒傳授知識必須依靠感官的知覺，以求幼兒理解。亦即引導幼兒認知的最正確方式來自「實物」，當實物出現時，幼兒可以經由看、聽、摸、聞、嚐來獲取實物的完整知識。

　　康米紐斯主張學前教育應以「泛智」爲內容。因爲廣泛的

知識是幼兒日後建構上層知識的根柢。知識的地基不穩，則無法興蓋學問的殿堂。舉凡自然知識如天文、地理、歷史、以及音樂、家政等學科的粗淺知識都應涉獵[64]。

康米紐斯認為健全的學習應包括三部份——能知、能做、能說，這三者並不分開，是三位一體[65]：

(一)能　知
即先認識自然現象，其次是人體的外部器官。

(二)能　做
即指心與手之聯合，如算術之運算。

(三)能　說
即修辭、文法、說話技術之表達等。

貳、盧　梭

盧梭（Roussau, J.J., 1712-1778）是自然主義教育思想的創始人。十八世紀中葉，盧梭有感於當時法國政治、社會、宗教等種種人為的病態現象、即使嬰幼兒也受到呆板而形式化的教養，從小就必須學做一個虛偽的社會人，於是提出順應自然的教育觀。

盧梭認爲幼兒的天性極爲善良，其內心已經具備了一切真理的萌芽，教育的原則應是順應天性發展，而不是去改變、阻礙、甚至壓抑它。這種根據自然而不是人爲的教育，即爲所謂的「消極教育」（ negative education ）。

　　盧梭強調人類的教育應始於誕生。他將教育的階段分爲四期，其中出生至五歲的嬰幼兒教育爲第一期。並指出嬰幼兒教育應特別注重幼兒身體的鍛鍊，並強調唯有父母共盡教育子女的責任，幼兒才能得到良好的教育。至於五歲以後的幼兒，其感覺已漸發達，則應注重感官教育和實物經驗，作爲日後理性發展的基礎[66]。

叁、裴斯塔洛齊

　　裴斯塔洛齊（ Pestalozzi, J.H., 1746-1827 ）是西方教育史上，實行「教育愛」最具代表性的教育家。他主張學校應該如同家庭一樣，彼此有愛的關懷，而教育愛更是良師的必要條件[67]。

　　裴斯塔洛齊強調完善家庭教育的重要，即一方面有來自母親的慈愛，另一方面有來自父親的嚴格要求。他認爲慈愛可以培養幼兒的情操，但是從嚴格中才能獲得正確的知識，亦即父母應該慈愛與威嚴的教育方法並重[68]。

　　裴斯塔洛齊認爲教育的目的，就是使真正的人性得到充分

的發展，並且完成一個「人」的培養。爲了達到這樣的教育目的，必須培養或訓練幼兒的「腦」、「心」，與「手」；此即所謂智育、德育、體育（包括勞作）三者並重的學說[69]。

在智育方面，裴斯塔洛齊主張教育應以實物直觀教學，即應用感官直接接觸實際的事物，而獲得直接的經驗。他認爲直觀有程序之別，「不可跳躍，也不准許有間隔[70]」，循序漸進，根基才能紮穩，並提出「由易及難」、「由簡入繁」等心理的認知原則。

在德育方面，裴斯塔洛齊認爲一個人的發展有所謂「自然人」（Animal man）、「社會人」（social man）、及「道德人」（Moral man）三級[71]。教育是要引導「人」從純潔而本能的「自然人」、經過抑制的「社會人」，以達到自律自發的「道德人」境界。個體必須在慈愛與同情的環境中「直觀」了「愛」，才能上臻「道德人」的境界，而道德人之培育更是教育的最高目的[72]。

在體育方面，裴斯塔洛齊提倡勞作教育，注重一個人實際能力的養成。他設立的實驗學校，即以家庭教育的方式教幼兒農耕紡織，因其確信勞作手工可達成幼兒注意力的保持，判斷力的訓練，以及感情與情操的開展[73]。

肆、福祿貝爾

福祿貝爾（Froebel F., 1782－1852）於西元一八三七年在德國創辦世界第一所「幼稚園」（Kindergarten），原文直譯爲兒童花園。按「兒童花園」的意思，乃是指兒童好比花園裏的花木，其內在生長的能力，由內向外表現自我，教育的功能即在開展此天賦的能力[74]。

福祿貝爾認爲兒童的發展，乃是由「自然兒童」出發，經過「人類兒童」而成爲具有「神性的兒童」。每一階段都應全心全力地發展，不必躐等，但也不可延遲，而上一階段的發展是下階段的基礎[75]。

「開展說」（Theory of Unfolding）是福祿貝爾的核心思想，其主旨是強調幼兒的內在潛力應藉由適當的教育方式予以「開展」。「開展」的途徑有如下二項[76]：

㈠內在外在化（inner-outer）
原則：⑴自由；⑵鼓勵。
幼兒唯有在不加限制及充滿讚美的活動中，其內在的潛力才能發揮。

㈡外在內在化（outer-inner）

老師應佈置各種有利於「開展」幼兒潛能的環境，以刺激幼兒的思索潛能及想像潛能。但是如果外在的環境未能被幼兒吸收而內在化，則此外在環境對幼兒不具任何意義與價值。

福祿貝爾一生努力設計許多「玩具」——福祿貝爾稱之為「恩物」（Gifts）與「工作活動」（occupation），目的即在於豐富幼兒的心靈空間，希望藉此外物之刺激，來引導內在潛能的發展。

福祿貝爾是西洋教育史上第一位認識「遊戲」的教育價值，並且有系統地將遊戲活動列入課程之中的教育學者。福祿貝爾認為幼兒遊戲的價值有如下三項[77]：

一、幼兒在遊戲中，無論對「人」或對「物」都必須接受規律的限制，藉此培養幼兒的責任感和秩序觀念。

二、幼兒在遊戲中，可以開放心胸得到自由發揮的機會，可提高教學效果。

三、幼兒在遊戲中，有機會練習各種動作和其他小朋友合作與交談，以及唱歌和舞蹈。

福祿貝爾強調幼兒個人與社會協調的重要性，因此，他不但重視幼兒的個別活動，也很重視幼兒的團體遊戲活動，使幼兒在團體活動中，明白自由的限制，合作的真諦，與紀律的需要[78]。

伍、杜　　威

　　美國教育哲學家杜威（Dewey, J., 1859-1952）的教育思想，是以實驗主義哲學爲基礎，主張教育的本質就是「成長」、「生活」、與「經驗的改造」。教育的目的在於發展、啓發兒童，使他們有能力解決困難、適應新的環境、以及培養服務社會與造福人羣的情操[79]。

　　杜威認爲教育的歷程，包含兩個不可或缺的因素：一爲個人的心理因素，一爲圍繞在個人周遭的社會因素；兩者必須互作有機之關聯，將個人視爲社會個人（social individual）而教育之，社會亦必須被視爲個人之機體聯合[80]。

　　杜威認爲學校本身就是社會生活的縮影，學校的任務應包括如下兩方面[81]：

一、啓發兒童的成長。

二、輔導兒童與社會的交流及互動。

　　杜威提倡「從做中學」（learning by doing）的理論，主張教學應以兒童爲主體，讓兒童親自觀察與經歷。亦即用腦去想、用手去做，以培養兒童自動自發的學習精神[82]。

　　杜威認爲在課程的設計與教材的選擇上，必須考慮個人與社會兩個因素[83]，並指出幼兒課程的安排必須以改良我們的社會生活爲宗旨[84]。

㈠個人因素

　課程的設計與教材的選擇，必須顧及幼兒個人的能力、興趣、需要和習慣。

㈡社會因素

　教材應取自實際的生活，才能使幼兒有主動追求的興趣。

　綜合言之，杜威主張幼兒教育應同時兼顧幼兒個人之發展與社會化，使幼稚園成為社會生活的雛型。

陸、蒙特梭利

　　蒙特梭利（Montessori, M., 1870-1952）是義大利的女教育家，她與前面幾位教育思想家不同之處在於前者皆以哲學爲幼教基礎，蒙特梭利則融合了哲學與科學。她的見解及獨創的教材教法，與近代發展及教育心理學的理論有諸多不謀而合之處。蒙特梭利教育從萌芽至今已將近一個世紀，一般認爲蒙特梭利教育至今仍然存在是因爲她有明確而完整的教育哲理、教育目標和教育方法，易於讓人了解與學習所致[85]。

　　蒙特梭利於一九○七年在羅馬創辦「兒童之家」（Children's House）。她主張教育的目的在幫助幼兒整體的發展，包括感官動作、智能、語言和道德發展等，使個體成爲一個身心統整合一的人[86]。

　　蒙特梭利於「新世界的教育」一書中，強調教育應始於誕生。她指出幼兒具有偉大的潛能和驚人的吸收性心智，教師應準備與安排適當的環境，幫助幼兒發展其天性，成爲具有良好人格特質、對人類和社會之未來具有明確理想的「新人」（A New Men）[87]。發展這種潛在於幼兒內在的心智與生命力，即爲蒙特梭利教育的中心思想。

　　蒙特梭利認爲欲使幼兒成長爲一個和諧健全的個體，最重要的是讓幼兒透過「工作」開展自然的秉賦。工作不僅影響幼

兒感官、動作與心智的發展，更能幫助幼兒建構健全的人格。

　　蒙特梭利主張「自由」與「紀律」合一，「個性」與「羣性」兼顧[88]。她認爲「自由」並不是讓幼兒爲所欲爲，也就是說，老師首先應該爲幼兒安排一個「日益有趣」的環境，並且在教育方法上以孩子的發展爲基礎；然後，藉著一件經幼兒自由選擇而來的有趣工作，使幼兒專注其中而樂此不疲，因而增強他的能量與心智能力，使他達到自制與守紀律的境界。簡而言之，給予幼兒工作上的自由才能使幼兒發展出守紀律的特質。

　　有關「個性」與「羣性」兼顧方面，對許多人而言，羣性的培養就是肩並肩地坐著聽別人說話；但是蒙特梭利認爲事實上剛好相反。在傳統的學校裏，幼兒唯一的社會生活是在遊戲或遠足時，而在蒙特梭利學校裏，幼兒則經常生活在一個互動的團體當中。

　　例如在蒙特梭利教室中，每一種東西都只有一件。幼兒由此了解「尊重」別人以及「等待」工作輪換的重要性，同時，他會意識到社會並非建立在個人的願望之上，而是建立在各項活動和諧共存的基礎上。

　　蒙特梭利以幼兒爲中心，發展出一套系統的教育方法，此教育方法可分爲三要素，即(1)預備的環境；(2)教師；(3)教具。蒙氏以脊椎的發育過程來比喻此三要素具有前後一貫、彼此相輔相成的特質[89]。

第四章

社會學基礎

幼稚園是家庭教育的延伸,也是幫助幼兒社會化的教育機構。因此,幼兒教育不僅是國家的基礎教育,更是傳承民族文化根源。尤其社會文化的諸多因素包括:家庭的功能、家長的育兒觀、社會的問題、政治的制度、文化的差異等,皆與幼兒教育的發展息息相關[90]。

因此,幼兒教育和社會文化之間的關係密不可分,幼稚園的課程應該以社會文化的背景為基礎,幫助幼兒社會化。

以下分別從家庭因素、社會變遷、國家政策與文化等四個層面,探討我國幼稚園課程的社會學基礎:

第一節　家庭因素

由於工商業社會的變遷，家庭結構由大家庭轉變爲以核心家庭爲主[91]。再加上職業婦女的增加、家庭計劃的實施，社會流動幅度增大等因素，幼稚園教育已成爲家庭教育功能的補足與延伸，而需分擔幼兒早期教育的責任[92]。

另從幼兒社會化的歷程來看，家庭原是幼兒社會化的最早單位，然而由於核心家庭日益普及，幼兒在家中常缺乏玩伴，因此，許多家庭已無法完全擔負幼兒早期社會化的重要功能[93]。

根據張美麗的調查研究顯示，國內幼兒的家長、老師與專家都認爲幼稚園課程對幼兒社會化的發展幫助最大，送幼兒上幼稚園的理由，皆是希望讓幼兒有團體生活的機會，此結果可反映出幼稚園社會化功能的重要性[94]。

此外，家庭的背景與家長的教育價值觀念，對幼稚園的影響亦十分深遠，因此，幼稚園老師在課程的安排上，應從如下兩方面來考慮[95]：

一、在內容方面

幼稚園老師在安排活動的內容、生活習慣的培養，以及情操的陶冶時，均需考慮幼兒的生活背景與個人需要。例如有些幼稚園之園童大部份來自工廠女工的子女或農村子弟，由於生活背景的不同，各個幼兒的需求也不盡相似，因此，幼兒課程內容要考慮到不同的家庭與社區。

二、在課程實施方面

幼稚園老師輔導幼兒的方法、態度、技巧與經驗，應該考慮到幼兒個別的生活背景。因爲當學校與家庭在觀念與教養方式上不一致時，易使幼兒的行爲發生失調與混亂的現象。因此，幼稚園老師應與幼兒的家庭取得密切的聯繫與配合，才能針對幼兒個別的需要加以輔導。

第二節　社會變遷

現代社會的變動與現象，對幼兒的生活影響很大。例如電視的普遍化形成幼兒的電視褓姆、都市的居住狹窄、人口擁擠、不適當的娛樂設施、環境污染等問題，均會影響幼兒的身心發展[96]。

幼稚園老師在課程的安排上，應從如下三方面來考慮[97]：

一、認知方面

爲因應知識的爆發及社會環境之日趨複雜化，幼稚園課程應當著重於培養幼兒統整的生活知能，將現代社會的實際生活

問題融入課程中，如生態教育、消費者教育、性教育等，以及早培養幼兒社會適應的知能。

另一方面，幼兒課程應著重於培養幼兒發問、思考、解決問題、以及創造性思考的能力，亦即重視幼兒「學習如何學習」的過程，使幼兒具備終生繼續學習的能力。

二、動作技能方面

為因應日常生活空間狹小，環境污染等社會問題，幼稚園應提供幼兒身體活動的環境與機會，以增進幼兒身體的健康與動作技能的發展。

三、情意方面

為因應社會價值功利化及都市化而疏離的人際關係，幼稚園應該注重價值教育、情操教育與人性化的教育，以培養幼兒正確的道德價值觀、高尚的情操、以及和諧的人際關係。

第三節　國家政策

我國在民國六十八年頒佈的「國民教育法」第一條規定：

「國民教育以養成德、智、體、羣、美五育均衡發展之健全國民為宗旨。」

　　幼兒教育是國民教育的基礎，與國民教育的宗旨和精神是一致的。因此，幼稚園的課程應兼顧幼兒德、智、體、羣、美五育的均衡發展，以培養身心健全的幼兒。

第四節　文　　化

　　我國社會文化的特質，按郭爲藩的分析，乃是一種人文精神、倫理精神，注重個己修身養性，強調人倫關係的和諧；因此，幼稚園應該實施「中國人」的精神教育，使幼兒在氣質、價值觀、以及整個精神層面成爲一個中國人[98]。

　　郭爲藩指出，我國傳統的倫理教育較忽略公德心與羣己關係的培育，再者，我國傳統教育注重權威式的管教，而未鼓勵獨立思考與民主精神；此外，治學處事的科學精神，也是國民性中較缺乏而有待充實的[99]。

　　因此，我國幼稚園課程的重點，應一方面保存並發揚固有的倫理精神，另一方面須加強公德心，羣己關係，以及民主與科學精神的培育。

蒙特梭利幼兒單元活動設計課程

設計蒙特梭利單元活動

應具備的實務與技巧

第五章

如何實施蒙特梭利教育

蒙特梭利教育是以幼兒爲中心而發展出的教育方法，此教育方法可分爲三要素，即(1)預備的環境；(2)教師；(3)教具。蒙特梭利以脊椎的發育過程來比喻此三要素具有前後一貫、彼此相輔相成的特質。本章即針對此三要素來討論如下三個主題：

　　一、如何爲幼兒預備一個適合身心發展的環境？

　　二、蒙特梭利教具。

　　三、教師所扮演的角色。

第一節　如何爲幼兒預備一個適合身心發展的環境？

蒙特梭利認爲成人應該爲幼兒預備一個符合幼兒需要的真實環境，它能提供幼兒身心發展所需之活動與練習，並且像家一樣充滿愛、快樂、與便利。

　　例如幼稚園內不僅有進行活動的工作室，還有庭院——院子裏有花、草及小動物讓幼兒照顧。這個環境中不論是具體或概念上，均依幼兒的尺度來設計，包括幼兒規格的傢俱和用品等等。

　　雖然，爲幼兒預備環境是蒙特梭利強調的首要條件，但是她也提醒我們⑩：

　　一、若與生命本身相比較，環境仍居於次要的地位。

　　二、只給予幼兒適合其身體大小與能力的環境是不夠的，

成人一定要學習如何運用方法來引導與幫助幼兒。

三、對幼兒完全放任或是替幼兒做一切的事，這兩者都不是正確的態度。

預備一個蒙特梭利教室之前，我們必須先徹底了解蒙特梭利教室中幾個重要的構成要素，它們分別是：壹、社會生活；貳、自由與自制；參、獎賞與懲罰；肆、秩序；伍、真實與自然；陸、美感與氣氛；柒、安全。

壹、社會生活

幼稚園是家庭教育的延伸，更是幫助幼兒社會化的教育機構。因此，在幼稚園課程中，幼兒社會行為的發展是一項非常重要的目標。

然而，許多人質疑蒙特梭利教育是否能夠培育幼兒的社會行為，他們懷疑每個孩子都獨自工作，將來如何能適應社會生活？

其實，我們是否曾捫心自問：究竟什麼是真正的社會生活呢？是肩並肩地坐著聽大人說話？或是在同一時間裏做相同的事情？還是連上廁所都要統一管理的生活方式？

蒙特梭利認為事實剛好相反，真正的社會生活應該是「在一個互動的團體中，幼兒能夠有機會去解決生活中的問題，舉止得體，以及追求共同的目標」[101]。

在傳統的學校裏，幼兒唯一的社會生活是在遊戲或遠足時，而在蒙特梭利幼稚園中，幼兒則經常生活在一個互動的團體中，每個人都從事於自己有興趣的工作，大家自由而彬彬有禮地交往、互相幫助。在這樣的環境中，孩子的社會行爲與社會情緒可以獲得良好的發展。以下即針對蒙特梭利教室中的社會生活，做更詳盡的説明。

一、混齡生活

蒙特梭利教育採混齡制，亦即採不同年齡的幼兒混合在一個班級裏。例如三至六歲的幼兒一班，六至九歲或九至十二歲的兒童一班等等。

三至六歲的幼兒在心智上屬於同一發展階段，亦即皮亞傑所謂的「運思前期」（請參考本書第二章第一節）。

通常三至六歲幼兒的班級中，有二十至二十五位幼兒，其中約有三分之一爲三至四歲，三分之一爲四至五歲，另外三分之一爲五至六歲。當學年結束時，年紀最大的三分之一幼兒畢業進入小學，另外再由一些三歲左右的孩子加入。教室中有主要老師一人，助理老師一人（亦可視情況在早上增加一位助理老師），師生比例約爲一比十或一比八。

在這樣的混齡班級中，年齡較大的幼兒，會自發地去幫助年齡較小的幼兒，而年齡較小的幼兒，則能從年齡較大的幼兒的工作中獲得靈感及榜樣。

　　這種方式的教導非常可貴，因為五歲幼兒的心智比我們更
接近三歲幼兒的心智，他們之間存在著一種精神上自然發生的
「滲透作用」（osmosis），所以幼小的孩子很容易學會那些
我們難以傳授的事物[102]。

　　有些父母會擔心，如果五歲幼兒去教導更小的幼童，他自
己的發展會延緩下來。事實並非如此，蒙特梭利指出[103]：

　　㈠年齡較大的幼兒並不是一直都在教別人，而且他的自由
會受到尊重。

　　㈡教導比他更小的幼兒，可以幫助他更了解自己先前所學
的一切；他必須分析、重組自己的知識，才能傳授給別人，所
以他的犧牲並非毫無所獲。

在傳統的學校裏，唯一可以提高班級水準的方法是透過競爭。但是，這往往會產生嫉妒、憎恨、羞辱等反社會情緒。於是較聰明的幼兒變得自負而且凌駕他人之上。

然而，在蒙特梭利學校中的幼兒，沒有競爭與嫉妒，只有和諧、融洽與愛；例如，許多四、五歲的孩子，認為自己是較小幼兒的保護者。事實上，社會或反社會特質的發展，即根源於此，它是根據幼兒所處環境的本質，在這個年齡發展而來的。

因此，蒙特梭利強調，社會生活的魅力，就在於人們可以在其中遇到形形色色的人。反之，如果按年齡將幼兒區隔開來，是破壞了社會生活的結合力，剝奪了社會生活的多采多姿[104]。

二、尊重與等待

在蒙特梭利教室中，每一種東西都只有一件。如果某件東西已有人使用，在這同時，另一位幼兒也想使用時，後者必須等使用者讓出來時再用。

於是重要的社會特質因此衍生出來，幼兒由此了解尊重別人以及等待工作輪換的重要性，這種想法久而久之便成為實際生活的一部份。

同時，幼兒會意識到，我們的社會並非建立在個人的願望之上，而是建立在各項活動和諧共存的基礎上。

蒙特梭利指出，我們無法將「忍耐」的美德「教」給三歲幼兒，但是靠幼兒本身在現實環境中的體驗，卻是可能的[105]。

三、自發性的責任感

在蒙特梭利教室中，幼兒是教室的主人。他們不僅自己負責維持每日的秩序及教室的整理，並且會將用過的教具放回原位、清理桌面、以及負責照顧小動物及植物等等。以上這一切都是幼兒自發性的表現，他們對所處的環境，已經產生一種歸屬感與責任感（請參考本書第二章第五節第肆部份）。

貳、自由與自制

自由是蒙特梭利環境中不可或缺的要素。幼兒只有在自由的氣氛中，才能將自由顯現出來。然而，從權威的服從之中得到解放因而流露出的無秩序、粗野、和衝動，只是將幼兒陷於偏態行為中，幼兒的自制意志並未彰顯；因此，這些幼兒並沒有獲得真正的自由。

蒙特梭利強調，自由並不是讓幼兒為所欲為；「我們必須制止幼兒做出觸犯他人或騷擾他人的行為，甚至任何粗暴而不良教養的行為都要制止」[106]。

蒙特梭利認為真正的自由，「是一種藉由教育的幫助，而

使潛在的導引力量得以發展的結果」[107]。更具體的說，就是老師首先要爲幼兒安排一個「日益有趣」的環境，並且在教育方法上以孩子的發展爲基礎。

然後，藉著一件幼兒自由選擇而來的有趣工作，使幼兒專注其中而樂此不疲，一旦幼兒開始集中精神，他的能量與心智能力會因而增強，使他達到自制（self-mastery）的境界。

也就是說，給予幼兒工作上的自由才能使幼兒產生行爲上自制的能力。自制是由孩子的內心慢慢形成的，而非由外界的壓迫而產生。

叁、獎賞與懲罰

在討論對幼兒的獎賞與懲罰之前，有必要先釐清本書相關文字的意義：

一、賄　　賂

事先向幼兒承諾，如果幼兒表現出成人所希望看到的行爲，就給予幼兒某種物品或特權。例如：「如果你現在乖乖去上學，晚上我就帶你去玩電動玩具」。

由於人的慾望是無止盡的，因此，一旦使用了賄賂的方式，那麼賄賂的強度必須一直增加，否則會失去效果。

二、獎　　賞

當幼兒表現出令人讚許的行為「之後」，給予口頭上或實質上的嘉獎。

三、體　　罰

是指幼兒犯了過錯，給予幼兒身體上的責罰，例如用棍棒打手心。

體罰雖然能使幼兒暫時地屈服，但是只要大人離開，幼兒又會重犯同樣的錯誤；因為他的行動不是經由心智的行為規則所控制，而是由外在的棍棒所控制，因而自制力薄弱，很難抑制外界的誘惑。

此外，成人體罰幼兒的行為，將成為幼兒模仿的對象，並且可能使幼兒產生與成人對立的情緒。

四、懲　　罰

是指口頭上就事論事的批評，或剝奪幼兒某些權利以示懲罰。

上述四項之中，賄賂與體罰已經被大多數教育工作者公認

爲不可取的教育方式。但對於獎賞與懲罰二項，則仍有諸多爭議。

蒙特梭利認爲，如果幼兒必須被獎賞或懲罰，那就表示他缺乏自我引導的能力。相反的，一個「正常化」的幼兒會去完成許多令人讚賞的事情而不爲他人所知，對他來說，獎賞和懲罰都是多餘的，因爲，吸引他的是工作中的那份快樂與滿足，而不是要被人讚賞或嘉獎（請參考本書第二章第五節第參、肆部份）。

因此，在蒙特梭利教室中，看不到獎賞的貼紙與糖果或誇張的讚美，能夠看到的是老師讚許的微笑或適度的言辭鼓勵，例如老師面帶讚許的微笑對幼兒說：「小華，你做到了」等等。

就懲罰方面來說，每個幼兒都具有積極肯定自己的強烈意願，即使犯了錯，絕大多數的幼兒在本質上仍然是個好孩子。因此，我們應該使幼兒感到自己只是在某個具體行爲上不符合要求，只要把這個不好的行爲改掉，他仍然可以繼續做個好孩子。亦即，透過幼兒自身的積極性，來克服幼兒不良的行爲。

肆、秩　　序

幼兒對秩序的敏感期（sensitive period）主要發生於最初的三年，兩歲時達到最高點，三歲開始漸漸下降。因此，學齡

前幼兒對事物的秩序有強烈的需求，例如一本書或一枝筆沒有歸位，他們會堅持把該物品放回原處。對幼兒來說，秩序感是其生命的自然本質之一，就像「土地之於動物、水之於魚」[108]。

如果幼兒對環境的印象與經驗，是建立在一種有秩序的形態之上，那麼孩子對世界的看法，將具備穩固的基礎，藉此基礎得以培養有條不紊的語言表達能力，以及對環境的信任與積極探索。

也就是說，外在的秩序感有助於發展幼兒內在的秩序感。那麼，外在的秩序感應如何培養呢？以下四點供讀者參考：

一、大多數的物品如傢俱、教具、以及衣物等，儘量保持

在相同的位置（當然，老師亦有可能因應幼兒成長的需要，適度地改變某些個別教具的位置）。

二、維持規律的作息時間與地點。

三、例行活動儘量採取相同的步驟，例如每天早上的團體活動會先唱歌點名、數一數有多少幼兒、介紹今天的日期（日、月、年）、天氣等等。

四、幼兒應把使用過的教具放回原位，然後才能進行其他活動。

然而，遺憾的是，仍然有許多幼兒經常生活在一個沒有秩序的環境中；因此，我們很難有機會見到這些幼兒將相關的潛能發展出來。

伍、真實與自然

蒙特梭利指出，環境中的真實與自然，有助於幼兒發展探索內在及外在世界所需的安全感，而成為敏銳的、有賞識力的生活觀察者。

因此，蒙特梭利教室中的各種設備，都是幼兒尺寸的真實物品，例如冰箱、爐子、水槽、玻璃杯、熨斗、小刀等，都是真的物品。而且每一種教具都只有一件，這也是反映現實的真相。

蒙特梭利指出，人，尤其是兒童時期的幼兒，仍屬於自然

的一部份[109]。我們必須設法讓幼兒有機會接觸自然的環境，藉此讓幼兒來認識與欣賞自然的秩序、和諧與美。

蒙特梭利所採用的方法是讓幼兒照顧動、植物，來與自然做最真實的接觸[110]。此外，就是讓幼兒有極充裕的時間，在林中與鄉間活動，以吸收大自然的奧妙。

陸、美感與氣氛

蒙特梭利認為「美」能夠喚起幼兒對生活的反應能力，而真正的美則是以簡潔為基礎。所以教室中的佈置無須太過於豪華舖陳，但是，每一件物品必須具有吸引幼兒的特質，例如，顏色要明朗、令人愉快、還要有整體的調和感。

至於教室中的氣氛，則必須和諧、輕鬆而溫暖，以吸引幼兒樂於參與其中。

另外，教室牆壁上的佈置，應以幼兒創作的作品為主，而不是去購買一些現成的海報或飾品來裝飾。例如，老師在牆上貼一棵大樹幹及一些樹枝，樹葉的製作則設計成一份融合嵌板描繪與刺工的美勞工作，放在教具架上由幼兒自由選取，完成的樹葉則由幼兒在背面簽名後，自行貼在牆上的樹枝旁邊（高處的樹枝由老師協助）。

透過這樣的活動所佈置出來的環境，相信更能發展幼兒對環境的親切感與歸屬感，同時成為幼兒工作上的一種刺激。

柒、安　　全

　　學齡前幼兒不僅好動、好奇，對每一件新奇的東西，他們都有一探究竟的慾望。為了滿足其好奇心，成人不應給予太多的限制；可是，許多設備與物品，對幼兒來說，頗有危險性，必須給予幼兒安全指導，並隨時注意幼兒的安全。

　　例如，具有危險性的尖銳用品，應教導幼兒安全使用的方法，像是剪刀、小刀、刀片與圖釘等等。

　　另外，教具架是否穩固、門是否釘牢、椅子避免用夾層的等等，則是我們常常忽略的地方。

　　為了幼兒的健康與安全，教室內的空氣應保持流通，要時常檢查瓦斯與消防設備是否安全。並且定期在幼稚園內舉行全校火災、地震等演習訓練，讓幼兒親身體驗發生緊急情況時應如何應對，以做好萬全的準備。

　　至於戶外遊戲區的安全，應注意下列事項與重點[11]：

一、鞦　　韆

㈠鞦韆應堅固牢靠，鈎子、繩索應該按時檢查。

㈡幼兒不准站著或蹲在鞦韆上跳下來。

㈢盪鞦韆時，不可有其他幼兒在附近玩耍或爬上架子。

㈣鞦韆的附近，不應放置尖銳、有角、或過硬的物品。

　二、滑　　梯

㈠滑梯應儘可能設置在樹蔭下，避免陽光將滑道曬得灼熱
（尤其是金屬做的滑梯）。

㈡滑道的終點，應置柔細清潔的細砂或木屑。

㈢禁止幼兒爬或跑上滑道以及頭部朝下端滑下來。

　三、蹺蹺板

㈠蹺蹺板的支點，應設置安全裝置，以免壓到幼兒的手指
頭。

㈡板子端點下面，應墊以木板，以免突然下降，壓到孩子
的手或腳。

㈢老師應指導幼兒在離開蹺蹺板之前，必須通知對方一
聲。

　四、沙箱（或沙坑）

㈠經常檢查沙箱中有無垃圾或碎玻璃；箱子的框架或邊
緣，有無突出的釘子；箱子有無裂縫。

㈡提醒幼兒尖銳之物不要拿到沙箱裏去玩。

㈢晚上要把箱子蓋好，以免貓狗進去睡覺。

㈣室外的沙箱應放置在靠牆處，以免風吹沙土飛揚。

五、爬　　梯

㈠爬梯應依幼兒年齡之不同，而有不同高度的設計。

㈡提醒幼兒在攀登時，雙手要握牢。

㈢避免許多幼兒擠在一起爬梯，用輪流的方式，一次一個人。

六、玩　　具

㈠最好的玩具是實物，所以沙箱的玩具可包括鏟子、耙子等實物，並指導幼兒使用的方法和應遵守的安全原則。

七、老師的責任區

㈠幼稚園園長應將戶外遊戲區劃分爲幾個責任區。

㈡每一位老師應站在自己的責任區內，觀察幼兒在戶外遊戲的情形並隨時注意幼兒的安全。

㈢老師不應在責任區內和其他成人或某一特定幼兒冗長地聊天或嬉戲。

㈣老師若因事（例如上盥洗室）必須離開，應請鄰近責任

區的老師代爲看管。

第二節　蒙特梭利教具

　　教具是蒙特梭利教育中，最廣爲人知，卻也受到最多誤解的一項。許多人誤以爲蒙特梭利教育中最重要的一環就是藉著教具的操作，來教導幼兒某些知識與技能。

　　其實，蒙特梭利教具的真正目的，在於提供幼兒可專心的事物對象，幫助幼兒的自我建構與心智發展，這是一種屬於內在的作用。簡單的說，就是教具能夠刺激幼兒，引起幼兒的注意，進而帶領幼兒進入專心的歷程，因而幫助幼兒的成長[112]。

　　蒙特梭利一再強調，幼兒發展的第一要件便是專心，而教具提供了幼兒可專心的事物對象[113]。

壹、製作教具的原則

　　爲了配合單元課程以及幼兒個別的成長需要，蒙特梭利老師必須具備製作教具的能力。大體而言，製作蒙特梭利教具的原則，有如下五項：

一、性質的孤立化

教具包含許多「性質」，例如形狀、重量、大小、顏色、粗細等。

製作教具時，首先應確立一個特定的目標，然後根據此一目標，改變教具的某個單一性質，至於教具的其他性質則維持不變，藉以突顯此一單一性質的變化。這樣的設計，能夠使幼兒在認知上更爲容易些。

例如，粉紅塔的十塊積木全部是粉紅色，不僅可以避免分散幼兒的注意力，更可藉以突顯積木大小變化的單一性質。又如六根相同質料與大小的牙刷，只有顏色不同，如此能夠使幼兒專注於不同的顏色上。

二、敎具的重量與大小

教具的重量與大小應以幼兒能自由移動、易於抓取爲原則。例如，幼兒能夠搬得動粉紅塔中最大的一塊。

三、具有吸引幼兒的特質

以顏色來說，儘量採用能吸引幼兒目光的柔美色彩或亮麗色彩。此外，一件教具的顏色組合，應呈現一致性，例如紅色

的杯子配紅色海棉與紅色托盤，不僅可以吸引幼兒的目光，更可以讓幼兒一目了然這是同一組教具。

以聲音而言，在製作教具時，亦可安排清新悅耳的聲音，以引起幼兒的興趣，例如豆子倒入磁碗中會發出清脆悅耳的聲音，事實上，許多幼兒就是被此聲音所吸引，而一再重複此一倒豆的工作。

四、由簡至繁

教具在設計與使用方法上應由簡至繁，例如老師應先以長棒引導幼兒用感官來認識長短的序列，等幼兒熟悉長度的概念後，再以紅藍相間的數棒來向幼兒介紹數量與長度的關係，然後，才是簡單的加減法；最後，則為小型數棒與圖表的練習。

五、「步驟」不宜過於繁複

學齡前幼兒雖具有專注的能力，但我們不應以成人的標準去要求幼兒，而應配合幼兒的能力，簡化操作教具的步驟。

如此，才能使幼兒對該項教具產生興趣與信心，進而不斷重複操作而達到專心與樂此不疲的境地。反之，若步驟過於冗長而繁複，不僅幼兒的興趣被抹滅，更可能從此不再選擇這項教具。

以上強調的是操作教具的「步驟」。至於教具本身的難易

程度，則應配合個別幼兒的內在需要而彈性地設計。而教具所含刺激量的多少，亦需配合幼兒的需要而調整。

六、教具的錯誤訂正

教具的錯誤訂正繫於教具本身，而不在於教師；這種設計可以讓幼兒自行發現自己的錯誤。以下是幾個例子：

㈠圓柱體教具中的每個圓柱，只能嵌進相合的圓洞之中。

㈡數字卡的下緣畫一條線，以免幼兒正反顛倒而獲得錯誤的知識（如下圖所示）。

$$\underline{1}\quad \underline{2}\quad \underline{3}\quad \underline{4}\quad \underline{5}\quad \underline{6}\quad \underline{7}\quad \underline{8}\quad \underline{9}\quad \underline{0}$$

㈢配對卡的背面以各種形狀或顏色做為暗號，供幼兒自行核對答案（如下圖所示）。

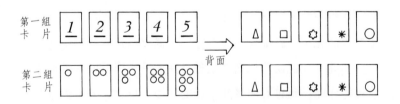

㈣音筒教具的圓筒底下，貼上不同顏色與大小的圓為記號，做為幼兒自行核對答案的根據（如下圖所示）。

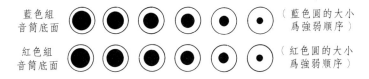

貳、提示教具的原則

向幼兒介紹教具的過程，稱爲「基本提示」（the funda-mental lesson）。幼教老師向幼兒進行「基本提示」時，有下列幾個原則：

一、正確性

幼兒不只需要有有趣的事可做，更希望知道如何正確地去做。正確性能夠深深地吸引幼兒，使他持續地工作下去。

爲了滿足幼兒對正確性的需求，老師必須先充分了解所操作的教具，並且在提示幼兒之前，實際練習提示的步驟。亦即先建立老師自己對此教具的信心，然後，再以謹愼的態度介紹給幼兒。如此，應能順利掌握教具的正確性。

二、簡潔、容易性

老師在向幼兒提示教具時，若能使用簡短而淺顯易懂的話語，可使幼兒更易了解隱藏在教具中的事實。

三、寬容性

如果，老師的提示已嚴格遵守正確、簡潔與客觀的原則來進行，可是，幼兒的反應卻顯示老師提示的時機不對。這時，老師必須停止提示，並且注意如下兩點[114]：

第一、不要堅持繼續提示或反覆提示。

第二、不要讓幼兒產生犯了錯的感覺。

四、個別性

老師的提示應儘量以一對一的個別方式進行。因為，任何兩個孩子都不可能具有完全相同的發展狀態，而某項特定提示的最好時機，也不可能適用於不同的兩個孩子身上。

因此，教具提示的方法，應以一對一的個別提示為主，同時亦可因應單元課程的內容，而酌情考慮小組及團體提示，但應特別注意，不可過於偏重團體，而忽略了提示的個別性。

五、實驗性

蒙特梭利曾指出，教具的基本提示是一種實驗[115]。也就是說，教具的提示不僅可以使幼兒理解教具的用法，更是教師用來觀察幼兒反應的一種方式。在提示過程中，老師為因應幼兒的反應，而嘗試以不同的方法來提示，這就是一種實驗。

由上可知，教具的基本提示並非一成不變的一套公式，教師必須以彈性的作法，來因應每一個孩子不同的內在需求。

六、重複性與創造性

知道如何使用教具，只是幼兒心智成長的第一步。真正促使幼兒成長的關鍵在於幼兒是否有反覆操作教具的行為發生。

一旦幼兒出現這種反覆操作教具的行為，老師便可以清楚地知道自己已成功地應用環境來配合幼兒內在的需求，而促成幼兒心智的發展。

當幼兒重複練習一段時間之後，老師可以針對該教具，提示一些創新的變化和延伸，以啟發幼兒的創造性思考。

第三節　老師所扮演的角色

　　蒙特梭利教育中最與眾不同之處，在於蒙特梭利老師所扮演的角色和一般傳統學校的老師不同。在傳統的學校中，老師的任務是使用教材，將知識或技術傳授給幼兒，如下圖甲。相反的，蒙特梭利學校中的老師卻是讓孩子自己去接觸教材，老師是孩子與環境之間的橋樑，如圖乙。

圖甲
老師
｜
教材
｜
孩子

圖乙
老師
╱　╲
教材──孩子

　　通常，在蒙特梭利學校中，老師的工作可分爲如下三個階段[116]：

第一階段

　　老師是「環境」的監護者和管理者。所有的設備（包括教具）都應一絲不苟地放置整齊、漂亮、與閃閃發光，儘量保持

在最好的狀況。

老師的外表應該吸引人而且令人愉快，同時具有整齊、清潔、沈著與端莊等特質。因為，老師的外表，是贏得幼兒信心與尊敬的第一步。

至於老師的舉止應文雅而優美，對孩子說話的聲音和態度則應儘量溫和、自然與友善，如此，才能使幼兒在此新環境中，有賓至如歸的感覺。

第二階段

本階段包括三個步驟：觀察、評估、與行動。

老師要觀察與評估幼兒的發展情況，自己必須先擁有深厚的理論基礎（請參考本書理論篇），並且將這些理論應用在孩子身上。

剛開始，由於幼兒還未能專注地工作，因此，老師必須先著重於觀察幼兒的興趣和能力，藉以瞭解幼兒；然後，才能進一步評估哪些教具或活動適合他；最後，老師必須像火焰一樣地用溫暖的態度去激勵幼兒，帶動他，邀請他。這時，老師是幼兒和周圍環境的聯繫者，她不必擔心會打擾幼兒重要的心智活動，因為一切都尚未開始。

在幼兒能夠專注之前，老師多少可以按照自己認為最好的方法來做；只要她認為必要，她甚至可以打斷幼兒的活動，例如，幼兒不斷地招惹他人時，老師便應該去中斷其擾人的行為。

在本階段中，老師最大的期望，就是幼兒能對環境中的事物與活動產生極大的興趣，並且專注地投入其中。然而，如果這樣的結果沒有發生在幼兒身上，那麼，這個幼兒就會從一個活動，跳到另一個活動。

不過，一旦幼兒找到符合內在需求的活動時，他將安靜下來，忘記四周的環境，專注而反覆地進行這個活動（或操作教具）。這時，老師的工作便進入第三階段。

第三階段

在本階段中，幼兒開始對某些事物發生興趣，通常是對實際（日常）生活中的活動有興趣。經驗顯示，在幼兒尚未準備好以前，不要太早給幼兒算術或文化方面的教具，否則非但無益而且有害。

一旦幼兒對某些活動感興趣而且能專注其中，一切的打岔或干擾就必須停止，老師絕不可以中途打擾他們。因爲，幼兒所踏出的第一步，是如此脆弱、易碎，輕輕一碰就可能再度消失，就像肥皂泡一般。

因此，這時老師所扮演的是一個次要而退隱的角色，幼兒才是教室中的主人。老師就像僕人一樣，辛苦爲主人預備環境，讓主人能夠按照內在的需求，在環境中自由選擇，老師自己則退到一旁，一面觀察記錄，一面聽候召喚。

第五章　如何實施蒙特梭利教育

第 六 章

如何設計蒙特梭利單元活動

單元活動設計課程，是我國目前一般幼稚園中最主要的課程模式，它是由「單元教學法」與「設計教學法」二者組合而成的。單元活動設計課程由於學習材料的多寡及學習時間的長短，又可分爲「大單元」及「小單元」二種[117]。

　　從教育部於民國七十六年修訂公佈的幼稚園課程標準，可以明顯看出其所依據的乃是單元活動設計課程。所謂單元活動設計課程，是以幼兒的生活爲課程的內容，以幼兒的興趣、需要和能力爲編製課程的起點。它注重課程的統整學習，並以幼兒的活動爲學習的方法，使幼兒從自己的經驗中，去解決實際生活上的問題。

　　單元活動設計課程主要根據的教育原理如下[118]：

一、盧梭的自然主義。

二、經驗主義的直觀教學。

三、完形心理學派的整體教育觀。

四、差異心理學的個別適應。

五、杜威從做中學的學習論。

　　單元活動設計課程的優點，在於幼兒的學習活動和生活密切地結合在一起，幼兒學習興趣濃厚，不必強迫學習，以及幼兒所獲得的是完整的知識經驗。缺點是幼兒不能獲得有系統的知識，無各種基本生活技能，有時則因為太重視教材的統整原則，而流於教材本位。

　　蒙特梭利教育是目前最受囑目、採用之幼稚園數量增加最多的一種課程模式。在蒙特梭利風潮的吹襲之下，幼教老師紛紛蜂湧學習所謂的「蒙特梭利教學法」，然而遺憾的是，多數偏重在機械式的教具操作部份，而忽略了蒙特梭利教育的精神與內涵。

　　這些採用蒙特梭利教學法的幼稚園，普遍最感吃力的一環便是如何將行之已久的單元活動設計課程，融入蒙特梭利教育中。尤其在各園普遍缺乏理論基礎的情況下，欲其自行建立一套兼顧統整性、程序性和銜接性的蒙特梭利單元活動設計課程，實屬不易。

　　蒙特梭利自稱自己只是「發現了兒童」，並提醒所有應用她這套方法的人，要不斷地去觀察幼兒、發現幼兒的需要，而不是將她的方法，原原本本的搬到每一個兒童身上，因為各國各地的孩子均是不同的。本書將秉持著這樣的精神，來探討幼

教老師應如何設計蒙特梭利單元活動課程。

　　整體而言，蒙特梭利單元活動課程的設計過程共可分為如下七個步驟：

　　一、了解幼兒。

　　二、選擇單元主題。

　　三、設定目標與構思活動。

　　四、評估活動的可行性。

　　五、排出活動的先後順序。

　　六、填寫單元活動日曆表。

　　七、撰寫單元計畫書。

　　（有關老師的觀察與評估，請參考本書第七章）

第一節　了解幼兒

　　幼教老師進行蒙特梭利單元活動設計的第一個步驟就是要去了解此一單元活動是替什麼樣的孩子所設計。老師必須考慮的事項包括如下八點：

　　一、共有多少孩子？

　　二、年齡的分佈情形？

　　三、如何取得性別、年齡的平衡？

　　四、每一位孩子過去的幼稚園經驗，例如有些曾讀過一年

蒙特梭利學校，有些則是道地的新鮮人，這些背景都會影響他們的學習。

　　五、每個孩子的發展情況。

　　六、家庭與文化背景的差異。

　　七、個別孩子的特殊需要。

　　八、團體的特殊需要。

　　爲了瞭解上述事項，老師必須去參考幼兒入園之初的「家長——老師談話記錄」，如果沒有這種記錄或記錄資訊不全，則應和家長再度約談。另外有關幼兒的發展情形，除參考與家長的談話記錄外，亦有賴於老師的觀察與評估（請參考本書第七章：觀察與記錄）。

表一：了解幼兒

● 班級人數：有多少幼兒？ _____

● 年齡最小的幼兒：_____歲_____個月

　年齡最大的幼兒：_____歲_____個月

● 年齡分佈：年齡(歲)　幼兒人數

　　　　　_____　_____

　　　　　_____　_____

　　　　　_____　_____

　　　　　_____　_____

● 性別比例：女孩人數____　　男孩人數____

● 學校經驗：有多少幼兒曾經唸過幼稚園（托兒所）？

	一般幼稚園、所	蒙特梭利幼稚園、所	共計
一年以下			
一年			
兩年			
兩年以上			

● 技能方面：請估計班上有多少幼兒具備下列技能？

（請以百分比表示）

• 雙手拿著托盤（盤子上有教具）：_____

• 倒水：_____

• 旋轉打開蓋子：_____

• 洗桌子：_____

• 洗盤子：_____

• 使用鉛筆、蠟筆：_____

• 使用水彩畫筆：_____

• 使用漿糊：_____

• 用黏土造形：_____

• 用剪刀剪紙：_____

• 依顏色分類：_____

• 圖卡配對：_____

• 把薄紙鋪在圖案上描繪：_____

• 臨摹寫字：_____

- 單字配對：_____

- 寫字：_____

- 閱讀短句：_____

- 和他人一起遊戲：_____

- 能獨立地工作：_____

- 和他人一起工作：_____

● 背景的差異性：

- 班上幼兒是否來自相似的社經階層？（請寫下所有特徵）

_____

_____

● 特殊需要：

- 個別幼兒的特殊需要？（列舉並描述）

_____

_____

_____

_____

● 團體幼兒的特殊需要？（列舉並描述）

_____

_____

```
─────────────────────────────────
│   ───────────────────────────   │
│   ───────────────────────────   │
│ ●其他：─────────────────────   │
│   ───────────────────────────   │
│   ───────────────────────────   │
─────────────────────────────────
```

資料來源：Joy Turner (Ed.): "Unit Studies For Early Childhood", MWTTP, 1989, P.269。

第二節　選擇單元主題

　　單元主題的決定，不可避免的多少和老師本身的知識與興趣有關；但是，一個單元活動課程的成功，主要繫於是否能夠吸引孩子。因此，幼教老師不妨用心去觀察幼兒對哪些事情感到興奮？幼兒和同伴或老師的交談內容有哪些？或是幼兒會從家中帶來哪些東西和同伴分享？以上是了解幼兒興趣的一種方式。

　　另外一種方式就是直接去問孩子最希望討論什麼主題，老

師可以利用團體討論的時間進行。首先，向孩子說明這個班級在這一年中，將花一些時間來探索某些特別的事情。問孩子最想發現或學習什麼事情。

　　將孩子的回答寫在大張海報上（或寫在黑板、白板上），然後在討論結束後，統計一下哪些主題最能引起孩子的熱情，例如有多少孩子提到同樣的主題。

　　接著，老師應從全盤觀點來審視與規劃單元主題，並注重主題內容的互動性、連貫性、延續性、與發展性。簡而言之，就是具有縱的銜接與橫的聯繫等特質。

圖七：「自我」認識貫穿其他六大領域

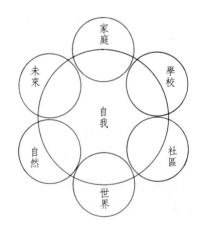

高敬文指出，單元活動課程的主題，應以幼兒的生活經驗與興趣爲中心，以幼兒的自我認識與發展爲基礎，貫穿家庭、幼稚園、社區、世界、自然、未來等六大領域（請參考圖七），分別介紹如下[19]：

(一)自我認識

包括認識自己的物品，社會關係、身體、情緒、能力等等。

(二)家　庭

包括認識自己的家中有些什麼設備，平常在家裏做些什麼事情、有哪些家人、以及家中來訪的客人等等。

(三)幼稚園

包括認識幼稚園裏有什麼設備、有哪些人、幼稚園的活動（運動會、郊遊）等等。

(四)社　區

包括幼兒接觸到的各行各業（如醫生、郵差）、社區景觀（如郵局、花店、雜貨店）、交通工具等等。

(五)世　界

包括對台灣本土的介紹、外國風俗人情、天下大事（如非

洲饑荒）等等。

（六）自　然

包括動物、植物、天氣、四大元素（水、火、空氣、大地）食物、理化現象（浮沈、磁鐵、光、影、顏色）等等。

（七）未　來

包括生態保護、消費者運動、科技文明、未來世界等等。

賀特（Holt, B.G.）從科學教育的觀點，將自然科學現象劃分為八個領域：人、地方、時間、氣候、事物、植物、動物與變化。他強調此種劃分是以幼兒的自我為中心，逐漸擴展到幾個傳統的自然科學領域（如圖八所示）。也就是說，賀特的圖表，詮釋出幼兒的經驗是如何從自我逐漸地向外擴展與成長。

幼教老師在選擇單元主題時，應試著模擬該主題「隸屬」於哪些較大範圍的單元，以及「包含」哪些較小範圍的次單元。這樣的練習，有助於幼教老師設計單元活動的內容，以及規劃未來的單元主題。如下圖所示：

一、較大範圍的單元

㈠單元主題：

　恐龍

㈡單元主題：

　龍捲風

㈢單元主題：

　食物

二、較小範圍的次單元

㈠單元主題：　　　　　　㈡單元主題：

　秋天　　　　　　　　　　我們的幼稚園

　　梅耶（Meyen, E.L.）認為一個好的單元，通常會包含一些和單元主題密切相關的次單元。他建議老師們，如果一個單元不能包含至少五個次單元，那麼這個單元主題可能太過狹窄了[120]。

表二：選擇單元主題

● 單元主題的名稱？ _____

● 幼兒對這個主題已經知道多少？ _____

_____

_____

● 這個單元「隸屬」於哪個較大範圍的主題？ _____

● 這要單元「包含」哪些較小範圍的次單元？① _____

② _____

③ _____

④ _____

⑤ _____

較大範圍的單元：

單元主題：_____

次單元 ： _____

次單元 ： _____

次單元 ： _____

次單元 ： _____

次單元 ： _____

▲本單元主題在未來可延續出什麼單元？

_____

資料來源：Joy Turmer (Ed.): "Unit Studies For Early Childhood", MWTTP,

1989, P.270。

第三節　設定目標與構思活動

許多人認為蒙特梭利教室中所陳列的教具——日常生活練習、感覺教育、語文教育、算術教育、文化教育等五個領域，就是蒙特梭利教育的全部，這是一個非常錯誤的觀念。蒙特梭利比喻教具如同人的足跡，足跡是腳的複製，卻不是全身的複製。

完整的蒙特梭利教育，大致可分為如下十個領域：

一、日常生活練習。

二、感覺教育。

三、語文教育。

四、算術教育。

五、文化教育（包括自然與科學教育）。

六、體能（大肌肉活動）。

七、音樂教育。

八、美術教育。

九、戲劇（角色扮演）。

十、社會教育（心理、情緒）。

一旦老師決定單元主題後，便應根據上述十個領域，分別設定目標。然後針對每一項目標，盡己所能，將一切與單元主

題相關的活動列舉出來，包括老師自己所想到的以及參考相關書籍所獲得之靈感（當然亦可由幾位老師以腦力激盪的方式構思活動）。

表三：設定目標與構思活動

領　　　域	目　　　標	活　　　　動	
日常生活練習	① ② ③	① ③ ⑤	② ④ ⑥
感覺教育	① ② ③	① ③ ⑤	② ④ ⑥
語文教育	① ② ③	① ③ ⑤	② ④ ⑥
算術教育	① ② ③	① ③ ⑤	② ④ ⑥
文化教育	① ② ③	① ③ ⑤	② ④ ⑥

體　能 （大肌肉活動）	① ② ③	① ③ ⑤	② ④ ⑥
音樂教育	① ② ③	① ③ ⑤	② ④ ⑥
美術教育	① ② ③	① ③ ⑤	② ④ ⑥
戲　劇 （角色扮演）	① ② ③	① ③ ⑤	② ④ ⑥
社會教育 （心理、情緒）	① ② ③	① ③ ⑤	② ④ ⑥

第四節　評估活動的可行性

　　列出所有可能的活動之後，幼教老師應該進一步衡量哪些活動可以進行？哪些活動不可行？衡量的重點包括如下六項 [121]：

衡量之一

　　此一活動對班上的幼兒是否合適？例如某些參觀活動需要一天的時間才能完成，這對於每天都有午休習慣的學前幼兒來說，就不太合適。老師應儘量安排上午前往，並於中午回校午休，才是較好的安排。

衡量之二

　　此一活動是否能與現實情況相配合？例如活動主題是利用孵蛋器孵小雞，那麼老師應至何處購買孵小雞的蛋？即使找到了蛋，是否有足夠的人手記得時時去轉動這個蛋，以促使小雞順利孵出？等到三星期後小雞從蛋裏孵出時，幼兒的興趣是否已經轉移？

　　各活動之間是否彼此協調？活動是否把握重點或是涉及範圍太廣？某些有趣但不甚相關的活動，是否延後爲佳？例如，單元主題是動物寶寶時，有關嬰兒的主題並不適合併入，反而延後爲佳。

衡量之四

　　此一活動實施時，是否使幼兒太過興奮或疲累不堪？許多實習老師往往因求好心切，以至於在一天或一星期中設計太多活動。活動太多或變化太大，會使幼兒因疲倦而煩躁，致使學習效果大打折扣；因此，剛從事幼教工作的年輕老師，在開始設計活動時，應把握「適度」的原則。

衡量之五

　　課程設計中是否顧慮到幼兒的個別需要？例如老師不妨請某個特別害羞的幼兒帶他的小狗來幼稚園中，或讓人緣不佳的幼兒邀請全班幼兒去參觀他家中的鴿舍，觀看剛孵出的小鴿，使他對班級有些正面的貢獻。此外，老師是否注意到智慧特高幼兒的需要，使他有機會對某個相關問題作更深入的瞭解？

衡量之六

　　老師設計的活動中，是否涉及不同的文化或嘗試消除性別

歧視？例如和幼兒討論父母的角色時，可強調父母均可出外工作或父母都要做家事，使幼兒明白男女平等，或是藉著圖畫書中非洲兒童的故事，使幼兒對不同的種族有所認識。

從以上六個層面衡量活動的可行性之後，有些活動必須取消，有些則須延後，有些則是老師靈感下的新構想。

第五節　排出活動的先後順序

經過以上一番分析考量後，請老師將剩下的活動依內容主題及難易程度，約略排出先後順序，並逐一填入課程活動表中（見表四）。如此，老師可一目了然自己所設計的活動，是否涵蓋了幼兒各方面的發展。如果某些領域的活動太少，則應增加活動，以達到課程的平衡。

第六節　填寫單元活動日曆表

排出各領域活動的先後順序之後，請老師將各個活動逐一填入「單元活動日曆表」（如表六所示）。不過，在填寫該表之前，老師必須對蒙特梭利教室活動作息的安排有所了解，方

表四：課程活動表

領域 ＼ 活動順序	活動一	活動二	活動三	活動四	活動五	活動六
日 常 生 活						
感 覺 教 育						
語 文 教 育						
算 術 教 育						
文 化 教 育						
體能（大肌肉）						
音 樂 教 育						
美 術 教 育						
戲 劇 活 動						
社 會 教 育						

能運籌幃幄、得心應手。蒙特梭利教室的作息時間，可大致分為自由工作時間、團體活動時間、戶外活動時間、以及午睡、午休等等。分別說明如下：

一、自由工作時間

　　蒙特梭利教室可分全日班及半日班。以全日班而言，每天上午及下午各應有一段自由工作的時間。這段時間內，幼兒可

以選擇教室內的教具來操作或探索，它可以是單元活動中的一項，也可以是和單元無關的教具，例如粉紅塔、數棒，或衣飾框等等。

在自由工作時間內，幼兒可依照自己的需要至點心桌自由取用點心。

二、團體活動時間

蒙特梭利教室的團體活動時間分佈在三個時段，分別說明如下：

第一段：

每天早上一開始大約八點半左右，是團體活動的時間。活動時間的長短視需要而定，但不可超過三十分鐘；因為時間過長，幼兒很可能因無法集中注意力而鼓躁不安。活動的內容包括：歌曲點名、數幼兒人數、介紹今天的日期（日、月、年）、星期、天氣，以及今天的點心等等。

除了上述例行活動外，亦可舉行其他活動，例如慶生、分享時間或單元活動等等。

第二段：

時間大約在早上十點半左右，也就是工作時間之後。這段時間可以進行單元活動或其他音樂、大肌肉活動。

第三段：

時間在下午工作時間之後大約三點左右。由於幼兒在此刻

的精神及專注力較不易集中，老師不妨在這一段團體時間，進行大肌肉活動、音樂律動、或唸一些生動的故事書。

三、戶外活動時間

幼兒每天上、下午各應有一段戶外活動時間。戶外活動區應具有各種運動設備如滑梯、平均台、鞦韆、蹺蹺板、上下槓、爬梯類器材、以及腳踏車、球等等。此外，沙坑、花圃、菜圃、陰涼的樹蔭或小亭子等，也是戶外活動區不可缺少的設施。

四、午睡、午休時間

四歲以下幼兒一律午睡兩個小時（除非家長有特殊正當原因要求例外），四歲以上幼兒午休半小時（幼兒亦可選擇午睡兩小時視其個別需要而定）。

四歲以上幼兒午休完畢之後，爲工作時間。老師可利用這段時間，針對這些較年長幼兒發展上的需要，進行個別或小組指導。以單元活動課程來說，有些討論活動也許不適合年幼的幼兒加入，午休後的這一段時間，便可充分運用。

表五：蒙特梭利教室作息時間表

時間	活動
07：30 〜 08：30	入園、自由活動
〜 09：00	團體時間
〜 10：30	工作時間
〜 10：55	團體時間
〜 11：20	戶外活動
〜 11：30	洗手
〜 12：10	午餐時間、刷牙、上廁所
〜 12：40	午睡（四歲以下幼兒）、午休（四歲以上幼兒）
〜 02：00	工作時間（四歲以上幼兒）
〜 02：10	起床（四歲以下幼兒）
〜 03：00	工作時間
〜 03：30	團體活動
〜 03：45	點心時間
〜 04：30	戶外活動 回家（上娃娃車）

以上作息時間僅供參考，幼稚園老師可按幼兒實際狀況予以調整。由於成長中的幼兒，在短短一年之中會有極大的變化，適用於上學期的作息時間，到下學期可能就需要有所調整。例如，當大部份幼兒比上學期更能集中注意力，並且更能適應在團體中學習時，團體活動的時間可稍作調整。

表六：單元活動日曆表（天數視單元需要而定）

週一	週二	週三	週四	週五	週六
第一天	第二天	第三天	第四天	第五天	第六天
第七天	第八天	第九天	第十天	第十一天	第十二天
第十三天	第十四天	第十五天	第十六天	第十七天	第十八天
第十九天	第二十天	第二十一天	第二十二天	第二十三天	第二十四天

蒙特梭利幼兒單元活動設計課程

第七節　撰寫單元計畫書

經過前面五個步驟之後，現在可以開始撰寫單元計畫書。單元計畫書的價值在於老師的心血可以完整地保留下來，並且可以和其他班級分享。一份完整的單元計畫書包括如下五個部份：

一、人　　物（WHO）

本單元是替什麼樣的幼兒群所設計，請參考本章第一節，並填寫表一：了解幼兒。

二、目　　標（WHAT）

本單元活動的目標有哪些，請參考本章第三節，並填寫表三：設定目標與構思活動。

三、方　　法（HOW）

本單元中的各項活動應如何進行？老師應針對每一項活動

145

撰寫一份完整的「活動計畫」（lesson plan），活動計畫的內容包括：活動的目的、材料、預備活動、關鍵步驟、基本提示、錯誤訂正、變化與延伸、以及簡易的圖解步驟等等。請參考本書第八章第一節。

四、時　　間（WHEN）

各項活動應於何時進行？請參考本章第六節，並填寫表六：單元活動日曆表。

五、參考資料

㈠幼兒字典

將本單元中會使用到的重要字彙，以幼兒能理解的詞句加以詮釋，然後在團體時間向幼兒介紹這些新字。

㈡參考書目

將所有老師參考過而對本單元設計有助益的書籍、雜誌的名稱列舉出來，並寫出作者、書名、出版社、出版日期、出版地點、頁碼等等。

㈢幼兒圖書館書單

將所有與本單元主題有關的優良幼兒圖書列舉出來，並寫

出書名、作者、出版社、出版日期、出版地點等等。

㈣教具來源

列舉出本單元向外購買的教具名稱、購買商店（地址、電話）、費用、目錄型號等等，並且對教具內容稍作形容。至於老師自行製作的教具中，若用到較為特殊的材料，亦應列舉出教具與材料名稱、購買商店（地址、電話）、費用、目錄型號等等。

第七章

觀察與記錄

「觀察」是蒙特梭利教室中最重要的一環。但是，我們觀察的內容通常會受到自己過去的經驗、意識與潛意識的期望、以及感情因素等影響，使我們只看到自己想要看的，並且只記得意識與潛意識所選擇的部份。

　　為了克服這項缺失，通常蒙特梭利教室中的老師會把觀察所見，一點一滴地詳細記錄下來。如此，將有助於觀察的客觀性與正確性。

　　在觀察幼兒之前，幼教老師必須先做到如下幾點，才能成為一位稱職的觀察者：

　　一、首先，幼教老師必須讓自己產生觀察幼兒的強烈意願以及培養自己觀察幼兒的能力[122]。

　　二、老師（觀察者）與幼兒（被觀察者）之間，必須建立親密和諧的關係[123]。

三、視幼兒爲獨立而與眾不同的個體，因此，在觀察幼兒時應一個一個分別觀察[124]。

四、老師不僅要了解幼兒外表的成長及活動，更應注意觀察幼兒表現這些成長及活動的內在協調情形[125]。

蒙特梭利從幼兒的心理層面提出觀察幼兒有如下三個重點範圍[126]：

一、幼兒的工作

注意幼兒何時開始專心於一項工作好一段時間？那項工作是什麼？他花多少時間於這項工作上（包括完成工作的時間以及重複該項工作的時間）？

請形容幼兒專注於該項工作時、整個人流露出何種特質？

在同一天中，幼兒還專注於其他什麼工作？他所表現的恆心與耐心如何？

幼兒這種自發性的勤勉能持續幾天？

幼兒如何表現求進步的渴望？

幼兒如何選擇工作的先後順序而按步就班地工作？

當環境中出現容易分散注意力的刺激時，幼兒是否仍然能持續工作？

當幼兒的工作受到故意的干擾後，幼兒是否會重新開始這份原來的工作？

二、幼兒行為與意志的發展

注意幼兒行為中所表現的秩序狀態（或混亂狀態）。

注意幼兒在工作過程中，行為有沒有改變？

注意幼兒在行為發展的過程中，是否有下列現象？喜極而
泣？沈著的表現？情感的顯露？

幼兒在友誼的發展中，扮演何種角色？

三、幼兒的自我紀律

注意幼兒在被召喚時的反應。

注意幼兒在什麼情況下會參與其他幼兒的工作並從事智性的
努力？

注意幼兒在什麼情況下會服從他人的召喚？

注意幼兒在什麼情況下會服從命令？

注意幼兒在什麼情況會熱心而高興地服從？

注意幼兒的服從與各種現象的關係程度，包括工作的發展及
行為的改變。 126

總的來說，蒙特梭利的觀察方法是建立在幼兒能自由地表
現自我的基礎上。觀察者必須讓幼兒處於一個能表現其自然特
質的環境中，才能觀察到幼兒真實的一面。

根據筆者多年來從事蒙特梭利教育的經驗與心得，蒙特梭
利老師的觀察與記錄，應包含下列五種：

一、每日觀察記錄。

二、綜合觀察記錄。

三、幼兒課程進度。

四、幼兒課程計劃。

五、綜合發展記錄。

上述觀察記錄有五項之多，乍看之下，也許會覺得負擔沈重。其實，以筆者親身經驗來說，只要有心，任何老師都能勝任這些觀察記錄的工作，並且將由於全副心神的投入，而體會到工作上極大的樂趣。

在此建議大家去購買一個堅固耐用的大型三孔夾，按幼兒的姓氏分類，每一位幼兒的檔案中均應擁有上述五種記錄。這本記錄資料不僅可供老師做課程計劃時參考，亦可放在教室中，供老師隨時查閱。

第一節　每日觀察記錄

一、觀察重點

㈠每個孩子的工作

包括選擇什麼教具？和誰一起工作？工作情形是否良好？

㈡軼事記錄

包括社會行為、情緒反應。例如小萍畫圖時畫了一個「死人」，或是筱雯不敢和老師的視線接觸等，都是可以記錄的事項，通常這些記錄是記在每頁的最下端（也有人記在最右一行）。

二、觀察時間

大約在工作時間的最初十五分鐘及最後十五分鐘，或是幼兒選擇的第一件工作及最後一件工作。

三、注意事項

㈠請在記錄表格上端，註明該日老師所進行的團體活動名稱。

㈡由於「每日觀察記錄」是老師每日例行的工作，而且必須在幼兒工作時間內進行，因此老師記錄的速度，務必迅速而正確。新老師剛開始也許速度較慢，但假以時日必能有所進步。

㈢軼事記錄放在「每日觀察記錄」的下端或右側，而不另外獨立一頁，是希望老師們在記錄孩子的工作情形之餘，亦能注意到「每一位」孩子的社會行為及情緒反應。

㈣雖然「每日觀察記錄」是老師每日重要的例行工作，但

是請不要忘記幼兒的需求比你的記錄更重要。

㈤記錄的文字可用縮寫或暗號，以節省記錄的時間。

例如：◎◎、〜〜〜、等等。以下是筆者觀察記錄時常用的暗號所代表的意義：

○一：不佳，幼兒並未適當地使用教具。

V＋：做得很好（或指沒有錯誤），例如幼兒正確而熟練地將圖卡配對。這意味著幼兒可望更上層樓挑戰其他教具。

〜〜〜：幼兒在教室中走來走去。

——→：意指時間的流逝。

○○：意指幼兒在哭泣。

◎◎：幼兒在注視其他幼兒的工作。

&　：和誰一起工作。

第二節　綜合觀察記錄

這份記錄是老師日積月累的成果。它不限於每天記錄，而是依幼兒的情形而記錄。記錄的範圍包括體能、智能及社會行為與情緒等三大領域。

老師在一整天的活動中，應隨時在身上準備便條紙及筆，以便在任何有關幼兒身心發展的事情發生時，能立刻記錄下

表七：每日觀察記錄表

(日期)星期 團體活動 ＼觀察時間 幼兒姓名	( )週一	( )週二	( )週三	( )週四	( )週五	( )週六	軼事記錄
⋮	⋮						

來，休息時再謄寫於綜合觀察記錄表上。日本一家 JMS 所成立的蒙特梭利幼稚園，爲了怕老師的觀察有所遺漏，甚至用攝影機拍攝園內智障幼兒整天的活動情形，供老師課後觀察記錄之用，可見綜合觀察記錄之重要。

以下分別從社會行爲與情緒、體能、智能等三方面，來說明老師觀察的重點，供讀者參考。

一、社會行爲與情緒方面

㈠日常事務的行爲（吃點心、吃中飯、如厠、午睡）

1. 時間？

2.事情的始末？例如小華中餐什麼也不吃，只喝了幾口牛奶，又如一向如廁正常的正明再度於工作時間尿濕褲子。

㈡同儕關係（和其他幼兒的互動情形）

1.時間？

2.誰先主動？用什麼方式？（幼兒的身體動作、臉部表情、聲音大小）

3.幼兒說了什麼？另一位幼兒有何反應？

4.接著發生什麼？互動如何結束？

㈢幼兒與成人的關係（包括老師、父母）

1.時間？

2.誰先主動？

3.對話的內容？

4.事情的始末？

5.互動如何結束？

6.互動結束之後，幼兒立即表現出何種行為？

㈣在老師主導的團體活動中，幼兒的反應如何？

1.老師宣佈此項活動時，幼兒最初的反應？

2.幼兒在活動進行中的行為？

3.在團體中幼兒扮演何種社會性角色？

表八：綜合觀察記錄（實例一：社會行為與情緒方面）

姓名：×××　　　　　　　生日：77 年 5 月 10 日（四歲四個月）

家中電話：772××××　　　在校時間：一年半，全天班

家庭：雙親家庭，有一個新誕生的嬰兒妹妹（5 個月大）

（社會行爲與情緒方面）

81－09－01　（開學日）母親送來時，抱著母親不肯放手。

　　　　　　　進入教室後立即坐到幼茹旁邊（上學期最好的朋友）。

81－09－05　戶外活動時和幾個男孩扮家家酒，互相追逐。

81－09－11　和同伴互動時看起來頗爲自信，畫圖時一面哼著歌曲。

　　　　⋮

　　　　⋮

　　　　⋮

二、體能方面

(一)大小肌肉活動的參與程度？

例如，小華在戶外活動時間很少做大肌肉活動（如吊單槓），總是坐在涼亭中和同伴聊天。

(二)大小肌肉的發展情形？

表九：綜合觀察記錄（實例二：體能方面）

姓名：×××　　　　　　生日 77 年 9 月 6 日（四歲）

家中電話：772××××　　在校時間：一年，全天班

家庭：雙親家庭

（體能方面）

81-09-02 學會連續吊單槓，頻頻展現給老師及其他幼兒看。

81-09-05 會單腳跳躍。

　　　⋮
　　　⋮
　　　⋮

表十：綜合觀察記錄（實例三：智能方面）

姓名：×××　　　　　　生日 78 年 3 月 1 日（三歲六個月）

家中電話：821××××　　在校時間：九個月，半天班

家庭：單親家庭，媽媽是護士

（智能方面）

81-09-05 介紹粗糙與光滑，只用感官，無語言提示。

81-09-08 複習砂數字板 1、2、3，忘記 2。

　　　　　三段式教學 1、2 與 2、3。

81-09-11 她很喜歡蝴蝶嵌板，一再重複，歷時約 15 分鐘。

81-09-15 （小明入學以來第一次進入美勞區工作）

　　　　　畫水彩→玩粘土模型→用漿糊貼色紙。

　　　⋮
　　　⋮

例如小美學會單腳跳躍，小明抓握筷子更加熟練。

三、智能方面

㈠幼兒在各領域的工作情形與進度？
㈡老師的提示（教具操作示範）與幼兒的反應？

以上三方面的觀察記錄，可填寫於同一張活頁紙上，亦可分類填寫，端視老師的習慣而定。以下是分類填寫綜合觀察記錄的三個實例，供讀者參考（見表八、表九、表十）。

第三節　幼兒課程進度

「幼兒課程進度」（請參考表十一）平均每個月整理一次，目的在於了解幼兒各項課程的學習情形與程度，以供老師做幼兒課程計畫時參考。記錄的範圍包括：日常生活練習、感覺教育、算術教育、語文教育、社交行為的練習、文化教育、美勞、音樂律動等。

'93 7 18

符號的意義

＝不佳或尚未介紹
／＝已介紹，需協助才能完成
＊＝熟練，能獨立完成
●＝請看建議事項

幼兒姓名：＿＿＿＿＿＿
生　日：＿＿＿＿＿＿
性　別：＿＿＿＿＿＿
使用左/右手：＿＿＿＿＿

（基本動作練習）

＿＿＿走
＿＿＿坐、立
＿＿＿搬椅子
＿＿＿搬桌子
＿＿＿拿托盤
＿＿＿捲地毯
＿＿＿倒豆—大、中、小
＿＿＿使用湯匙
＿＿＿擦桌子
＿＿＿掃地
＿＿＿擠海棉
＿＿＿倒水
＿＿＿使用拖把
＿＿＿摺縫
＿＿＿清理灰塵
＿＿＿使用衣夾
＿＿＿蓋瓶蓋

（家務應用練習）

＿＿＿擦鏡子
＿＿＿準備餐桌
＿＿＿使用熨斗
＿＿＿洗盤子
＿＿＿洗刷桌子
＿＿＿洗窗戶
＿＿＿庭院工作
＿＿＿澆水
＿＿＿剪枝
＿＿＿植物栽培
＿＿＿餵食小動物
＿＿＿適當撫摸（接觸）
＿＿＿動物
＿＿＿清洗籠子、魚缸

（準備食物）

＿＿＿剝落花生
＿＿＿剝橘子
＿＿＿切香蕉
＿＿＿壓柳丁汁(檸檬汁)
＿＿＿簡易烹飪

（照顧自己）

＿＿＿洗手
＿＿＿洗洋娃娃
＿＿＿梳頭髮
＿＿＿扭毛巾
＿＿＿洗臉
＿＿＿刷牙齒
＿＿＿擤鼻涕
＿＿＿衣服的穿脫
＿＿＿穿鞋、脫鞋
＿＿＿擦鞋子

衣飾框

＿＿＿按扣
＿＿＿鈕扣
＿＿＿拉鍊
＿＿＿鉤扣
＿＿＿皮帶扣
＿＿＿編結
＿＿＿蝴蝶結
＿＿＿安全別針

社交行為練習

___ 有事找老師時，喚起老師注意的方法

___ 走過狹窄通道時的禮貌

___ 門的開關

___ 敲門的方法

___ 打招呼的方法

___ 迎接客人的方法

___ 不得不中斷他人談話（或工作）時的禮貌

___ 感謝與道歉

___ 遞交物品的方法

___ 咳嗽、打噴嚏、打哈欠的方法

___ 輪流使用教具

___ 打電話的禮貌

___ 如何拿握剪刀走路

___ 問路的方法

___ 洗手間的使用方法

___ 排隊時應注意事項

___ 慰問病人

___ 介紹朋友的方法

___ 車中的禮儀

___ 交通規則

感覺教育

1＝第一層次/介紹，沒有語言的提示，注重動作的明確性

2＝第二層次/口語提示（例如三段式教學）

3＝第三層次/延伸練習，給予幼兒新的挑戰

   圓柱體組

___ ○第一組：1 2 3

_____ ○第二組：1 2 3

_____ ○第三組：1 2 3

_____ ○第四組：1 2 3

_____ 粉紅塔：1 2 3

_____ 長棒：1 2 3

_____ 棕色梯：1 2 3

_____ 彩色圓柱體

_____ ○第一組：1 2 3

_____ ○第二組：1 2 3

_____ ○第三組：1 2 3

_____ ○第四組：1 2 3

_____ 觸覺板

_____ ○第一組：1 2 3

_____ ○第二組：1 2 3

_____ 溫覺筒

_____ 色板

_____ ○第一盒：1 2 3

_____ ○第二盒：1 2 3

_____ ○第三盒：1 2 3

_____ 布盒

_____ ○第一盒

_____ ○第二盒

_____ ○神祕袋

_____ 音筒

_____ 重量板

_____ 味覺瓶

_____ 嗅覺瓶

_____ 音感鐘

_____ 幾何圖形嵌板

_____○第一層：1 2 3；卡片：1 2 3

_____○第二層：1 2 3；卡片：1 2 3

_____○第三層：1 2 3；卡片：1 2 3

_____○第四層：1 2 3；卡片：1 2 3

_____幾何學立體模型

　　　構成三角形

_____○第一盒：1 2 3

_____○第二盒：1 2 3

_____○第三盒：1 2 3

_____○第四盒：1 2 3

_____○第五盒：1 2 3

_____二項式

_____三項式

語文教育

1＝提示一

2＝提示二

3＝提示三

4＝提示四

5＝提示五

6＝提示六

7＝提示七

8＝提示八

9＝提示九

10＝提示十

_____配對練習

_____幾何嵌圖板

　　　1 2 3 4 5 6 7 8 9 10

_____ 符號與律動

_____ 畫圖說故事

_____ 團體大字報遊戲

　　　分類練習

_____ ○

_____ ○

_____ ○

　　　三段式圖卡

_____ ○水果　三段式圖卡

_____ ○蔬菜　三段式圖卡

_____ ○動物　三段式圖卡

_____ ○　　　三段式圖卡

_____ ○　　　三段式圖卡

　　　嵌板練習

_____ ○形狀嵌板

_____ ○水果嵌板

_____ ○農場嵌板

_____ ㄅㄆㄇ砂字板

　　　ㄅㄆㄇㄈㄉㄊㄋㄌㄍㄎㄏㄐㄑㄒㄓㄔㄕㄖㄗㄘㄙㄚㄛㄜㄝㄞㄟㄠㄡ
　　　ㄢㄣㄤㄥㄦㄧㄨㄩ

_____ 碎石盤

　　　ㄅㄆㄇㄈㄉㄊㄋㄌㄍㄎㄏㄐㄑㄒㄓㄔㄕㄖㄗㄘㄙㄚㄛㄜㄝㄞㄟㄠㄡ
　　　ㄢㄣㄤㄥㄦㄧㄨㄩ

_____ 認字實物盒（共37盒）

　　　ㄅㄆㄇㄈㄉㄊㄋㄌㄍㄎㄏㄐㄑㄒㄓㄔㄕㄖㄗㄘㄙㄚㄛㄜㄝㄞㄟㄠㄡ
　　　ㄢㄣㄤㄥㄦㄧㄨㄩ

_____ 認字圖畫小書（共37本）

　　　ㄅㄆㄇㄈㄉㄊㄋㄌㄍㄎㄏㄐㄑㄒㄓㄔㄕㄖㄗㄘㄙㄚㄛㄜㄝㄞㄟㄠㄡ

ㄋㄅㄤㄥㄦㄧㄨㄩ

_____移動字型（ㄅㄆㄇ整理盒）

_____○圖畫卡片共十本：1 2 3 4 5 6 7 8 9 10

_____生字盒

_____看雜誌說故事

_____故事順序卡

_____創意盒

_____製作小書

_____「拿來」遊戲

_____「命令」遊戲

_____「雙重命令」遊戲

_____閱讀會議

_____環境標籤

_____密碼遊戲

算術教育

1＝提示一

2＝提示二

3＝提示三

4＝提示四

5＝提示五

_____數棒

_____計數框

_____砂數字板

_____迷你數棒

_____紡錘棒箱

_____彩色串珠 1－10

_____串珠框（0－9，1－10）

_____ 數字與籌碼

_____ 序數遊戲

十進制

_____ ○金色串珠組(小)

_____ ○金色串珠組(中)

_____ ○金色串珠組(大)

_____ 數的組成—量

_____ 認識數字卡片

_____ 數的組成—數字

_____ 量與數字卡片(小)

_____ 量與數字卡片(大)

_____ 塞根板(11-19)

_____ 串珠框(11-19)

_____ 塞根板(10-90)

_____ 100 串珠鍊(量)

_____ 數字的消除(數字)

_____ 100 數字排列板

_____ 數字的填空

（加法）

_____ 數棒：1 2 3 4

_____ 彩色串珠：1 2 3

_____ 金色串珠：1 2 3

_____ 郵票遊戲：1 2

_____ 點的遊戲‧

_____ 接龍遊戲

_____ 加法板：1 2 3

_____ 加法訂正板：1 2

_____ 加法心算板

＿＿＿加法填空心算板

＿＿＿雙洞盒

（減法）

＿＿＿金色串珠：１２

＿＿＿郵票遊戲：１２

＿＿＿減法板：１２３４５

＿＿＿減法訂正板

＿＿＿減法心算板

＿＿＿減法填空心算板

＿＿＿數字線

＿＿＿郵差遊戲

（乘法）

＿＿＿金色串珠

＿＿＿郵票遊戲

＿＿＿彩色串珠（表格練習）

＿＿＿彩色串珠（因子練習）

＿＿＿彩色串珠（10的練習）

＿＿＿乘法板：１２３

＿＿＿乘法訂正板：１２

＿＿＿畢氏板

＿＿＿填空畢氏板

＿＿＿串珠框

（除法）

＿＿＿金色串珠

＿＿＿郵票遊戲

＿＿＿除法板：１２

＿＿＿除法心算板

＿＿＿填空心算板

文化教育

1 ＝提示一

2 ＝提示二

3 ＝提示三

4 ＝提示四

5 ＝提示五

6 ＝提示六

7 ＝提示七

8 ＝提示八

9 ＝提示九

10 ＝提示十

〈地理〉

＿＿＿ 左右方向

＿＿＿ 身體部位

＿＿＿ 教室的方位（東、西、南、北的認識）

＿＿＿ 學校的位置

＿＿＿ 家的位置

＿＿＿ 社區的位置

＿＿＿ 水、陸、空

＿＿＿ 水、陸、空（動物、植物、交通工具）

＿＿＿ 水陸地形

　　　1 2 3 4 5 6 7 8 9 10

＿＿＿ 地球儀與世界地圖

　　　1 2 3 4

＿＿＿ 地圖嵌板—亞洲：1 2 3 4 5

＿＿＿ 國旗地圖—亞洲：

　　　1 2 3 4 5 6 7 8 9 10

_____世界的人類

_____人類的基本需求

　　1 2 3 4 5 6

_____其他：

〈歷史〉

_____介紹時鐘：1 2

_____介紹時間觀念：1 2 3 4

_____日曆

_____一天（早上、中午、下午、晚上、深夜）

_____週（週一～週日）

_____年（12個月）

_____月曆

_____四季：春、夏、秋、冬

_____幼兒個人的時間線

_____我的家譜小樹

_____小時：1 2 3

_____半小時：1 2 3 4 5 6 7

〈植物〉

_____野遊（研究自然）1、2

_____植物的故事

_____植物栽培實驗1、2

_____樹葉嵌圖櫥

　　1 2 3 4 5

_____植物部位名稱圖卡

_____○樹1 2 3 4

_____○花1 2 3 4

_____○葉1 2 3 4

_____○根1 2 3 4

_____分類圖卡：1 2 3 4

_____室內實驗教學

　　1 2 3 4 5

〈動物〉

_____參觀動物園

_____動物圖卡

_____○魚

_____○昆蟲

_____○兩棲類

_____○爬蟲類

_____○鳥類

_____○哺乳動物

_____動物部位名稱圖卡

_____○魚：1 2 3 4 5 6 7 8

_____○馬：1 2 3 4 5 6 7 8

_____○鳥：1 2 3 4 5 6 7 8

〈科學〉

_____水中吹氣泡

_____水中灌氣

_____浮與沈

_____空氣與帆船

_____認識電

_____影子

_____磁鐵：1 2 3

_____隱藏的磁鐵

_____放大鏡：1 2 3 4

_____光線

_____壓力

_____聲音

美勞

（２、３歲幼兒）繪畫介紹

____ ○用手指

____ ○畫筆

____ ○水彩

____ ○廣告顏料

____ （４歲以上幼兒）繪畫介紹：１２３４５

（６歲幼兒）繪畫介紹

____ 印畫：１２３４

____ 畫圖

____ ○色筆（鉛筆）：１２３４

____ ○蠟筆：１２３４

____ ○粉筆：１２３４

____ ○炭筆：１２３４

____ 使用剪刀

____ 黏貼

____ １２３４５６７８

____ 黏土：１２３４

____ 美術拼貼

____ ○漿糊

____ ○透明膠帶

____ ○剪

____ ○打洞器

____ ○廻紋針

音樂律動

_____ 靜默遊戲

_____ 探索身體發出的聲音

_____ 探索環境發出的聲音

_____ 探索樂器發出的聲音

_____ 辨別樂器在彈奏或停止

_____ 辨別長音或短音（鈸、木魚）

_____ 辨別兩個不同高低度的聲音（音感鐘）

_____ 將聲音（音質）相似的樂器歸為一類（例如，鈴聲、叮噹、木器
聲、鼓聲、粗糙聲、光滑聲、金屬聲）

_____ 聲音配對與分類（音筒、音感鐘）

_____ 辨別不同的節奏

音樂欣賞

_____ ○陽明春曉

_____ ○十面埋伏

_____ ○黃河、梁祝協奏曲

_____ ○胡桃鉗

_____ ○天鵝湖

_____ ○四季

_____ ○其他：

〈律動〉

_____ 模做老師的動作（不用任何口語指導）

_____ 照著老師所說的指令來做，例如：「請將手放在頭上」。

_____ 讓幼兒一面說一面做，例如孩子輕拍自己的頭並且說：「頭」

不移動位置的律動

____ ○彎

____ ○伸展

____ ○蹲伏

____ ○轉身

相反的動作

____ ○高—低

____ ○左—右

____ ○前—後

走路

____ ○向前

____ ○向後

____ ○用腳尖走

____ ○用腳跟走

____ ○大步走

____ ○小步走

____ 跳

____ 旋轉

____ 跑步

____ 唱歌＋動作

第四節　幼兒課程計畫

　　幼兒課程計畫是蒙特梭利課程中不可或缺的一環。它促使老師去注意幼兒目前的發展情形與需要，更迫使老師了解到觀察記錄的重要性；因為，如果沒有完整的觀察記錄資料，老師在做幼兒課程計畫時，將感到困難重重。

　　因此，老師為幼兒進行課程計畫時，應平心靜氣地詳細參考幼兒所有的觀察記錄資料，以了解幼兒目前整體發展的情形，然後針對幼兒的需要規劃課程。

　　幼兒的課程計劃包括日常生活練習、感覺教育、語文教育、算術教育、文化教育、美勞、體能（大肌肉活動）、戲劇、社會教育等十個領域。每一領域的活動應按先後次序加以標示（請參考表十二）。

　　幼兒課程計畫平均每個月要更新一次，因為，幼兒的發展與需要是動態的，老師必須跟上幼兒的腳步，才不致於落後。

　　另外，老師在每個週末應針對下週的課程，事先予以更詳細的安排，包括團體提示與個別提示的對象與時間。這時，老師除了要參考進行中的單元活動計畫外，還要拿出幼兒的當月課程計畫（如表十二），完整而慎重地規劃出下週的課程安排與進度（請參考表十三）。

當然，每週的課程計畫不可避免的會和實施情況之間有所出入，例如由於時間不足，計畫中的個別提示未能全部完成，或許多不在計畫中的個別提示反而佔大部份，這些都是很正常的現象。但是相信大部份的老師都無法否認，事前有一份幼兒課程計畫做基礎，老師在提示幼兒時會感到更有方向感，也更能掌握幼兒成長的步伐。

表十二：幼兒課程計畫（月計畫）

自　年　月　日至　年　月　日

幼兒姓名：＿＿＿＿　　在校時間：＿＿＿＿

年齡：＿＿＿＿　　特殊需要：＿＿＿＿

課程領域 ＼ 活動順序	活動一	活動二	活動三	活動四	活動五	活動六
日常生活練習						
感覺教育						
語文教育						
算術教育						
文化教育						
體能（大肌肉活動）						
音樂教育						
美術教育						
戲劇（角色扮演）						
社會教育						

表十三：幼兒課程計畫（週計畫）

	週一(月 日)	週二(月 日)	週三(月 日)	週四(月 日)	週五(月 日)	週六(月 日)
團體提示						
個別提示						

蒙特梭利幼兒單元活動設計課程

第五節　綜合發展記錄

　　綜合發展記錄是針對幼兒整體的發展做一評量記錄，原則上每學期一次，上學期約在十一、十二月左右，下學期約在四、五月左右。部份評量的內容需要靠老師平時的觀察，另有一部份評量需特別設計情境與準備器材方能進行。請參考表十四。

表十四：綜合發展記錄表（之一）

綜合發展記錄表之一：大小肌肉、知覺、名稱、數量概念、語言。

幼兒姓名：　　　　　　　　　性別：

　生日：　　　　　　　　　使用左／右手：

左列項目代號的意義　　　　右列評量符號的意義

①＝大約 2½—4 歲幼兒　　　＝不佳或尚未介紹

②＝大約 4—5 歲幼兒　　／＝已介紹，需協助才能完成

③＝大約 5—6 歲幼兒　　＊＝熟練，能獨立完成

　　　　　　　　　　　　•＝請看建議事項

大肌肉發展〈走〉	年月日	年月日	年月日	年月日	年月日	年月日
①走在 3 公尺×3 公分的直線上，腳跟→腳尖。						
②走在圓直徑 1 公尺 83 公分的線上。						
③隨著節拍的快慢，走在線上。						
〈跑〉						
＊準備：計秒錶、畫起跑線和終點線						
①跑 3 公尺						
②（運用手臂交替動作）跑 6 公尺						
③在三秒鐘內跑 10 公尺						
〈跳欄〉						

①雙腳均離開地面跳欄。							
②雙腳跳欄超過 15 公分高。							
③雙腳跳欄超過 30 公分高。							
〈跳遠〉							
＊準備：畫起跳線，分別在 30、60、90、120 公分處畫線							
①雙腳跳遠超過 30 公分長。							
②雙腳跳遠超過 60 公分長。							
③雙腳跳遠超過 90 公分長。							
〈平衡〉							
＊準備：計秒錶							
①走在 1 公尺 50 公分長、10 公分寬的平均台上。							
②在 10 秒鐘內走完 3 公尺長、10 公分寬的平均台。							
③在 3 秒鐘內走完 3 公尺長、5 公分寬的平均台。							
〈投擲〉							
＊準備：畫投擲線，分別在 1 公尺 80 公分、3 公尺 60 公分、6 公尺處畫線							
①投擲直徑 7.5 公分的球，超過 1 公尺 80 公分遠。							

183

②投擲直徑 7.5 公分的球，超過 3 公尺 60 公分遠。						
③投擲直徑 7.5 公分的球，超過 6 公尺遠。						
〈接球〉						
①拍球（球直徑 20 公分）使球反躍，用雙手接到球的機率$\frac{1}{3}$。						
②拍球（球直徑 20 公分）使球反躍，用雙手接到球的機率$\frac{1}{2}$。						
③拍球（球直徑 20 公分）使球反躍，用雙手接到球的機率$\frac{2}{3}$。						
〈跳躍〉						
＊準備：足夠的場地空間						
①嘗試跳躍						
②用一隻腳跳躍。						
③兩隻腳交替跳躍						
〈律動〉						
＊準備：韻律音樂錄音帶						
①隨著節拍，手或腳分別地擺動。						
②隨著節拍，手與腳同時擺動。						
③隨著節拍，舞蹈或遊戲。						
〈腳的交替〉						
①用腳踏動三輪腳踏車 1 公尺 50 公分長。						

②雙腳交替下樓梯。							
③攀爬直立的梯子。							
〈搬運〉							
①雙手拿著教具或托盤而走路時,能避開路上的障礙物。							
②托盤上放著盛水的杯子(或碗)時,能夠走路而不讓水溢出杯子(或碗)。							
③能和另一位小朋友一起搬桌子(與他人的動作協調能力)。							
小肌肉的發展							
〈照顧自己〉							
＊準備:衣飾框							
①鈕扣、穿外套。							
②皮帶扣、拉鍊。							
③編結、蝴蝶結。							
〈處理家務〉							
①擦器具。							
②洗濯、準備食物。							
③將物品清理整齊。							
〈剪紙〉							
＊沿著線條剪							

①直線（20公分長）。							
②圓（80％剪在線上）。							
③一條鋸齒形的線。							
〈描繪〉							
①圓。							
②正方形與方格子。							
③三角形（80％）。							
〈畫圖〉							
①太陽（圓圈及光線）。							
②房子（幾種形狀組合在一起）。							
③人（4個部位）。							
知覺的發展（辨別力的發展）							
〈視覺〉							
＊準備：色板第二、三箱							
①配對 8-10 組（色板第二箱）。							
②依序排列 6-8 片（色板第三箱）。							
③將一片色板歸位於正確的位置（色板第三箱：藍色系列）。							
〈聽覺〉							
＊準備：音筒							
①將音筒配對。							

②依序排列。							
③將其中一個音筒歸位於正確的位置。							
〈觸覺〉							
＊準備：觸覺板第二組							
①配對三組。							
②依序排列。							
③將其中一片觸覺板歸位於正確的位置。							
〈嗅覺〉							
＊準備：嗅覺筒							
①「當你聞東西時，是用身體的哪個部位？」 　（答案：鼻子）							
②配對六組。							
③將氣味來源的圖片，與嗅覺筒的氣味配對 　（例如韭菜的氣味配韭菜的圖片）。							
〈味覺〉							
＊準備：味覺瓶							
①「你身體的哪個部位能嚐出東西酸甜苦辣 　的味道？（答案：舌頭）							
②配對三組。							
③將味道來源的圖片，與味覺瓶的味道配對 　（例如檸檬味的味覺瓶配檸檬的圖片）。							
〈圖案〉							

①複製老師的圖案。							
②給予提示後能夠嘗試新圖案。							
③獨立發明新圖案。							
名稱的學習 〈顏色〉 ＊準備：色板第二箱 紅、藍、黃、橙、綠、紫、粉紅、棕、灰、 黑、白							
①會說出 3-4 種顏色的名稱。							
②會說出 5-11 種顏色的名稱。							
③與文字卡片配對 6 組以上。							
〈形狀〉 ＊準備：金屬嵌板 圓形、正方形、長方形、三角形、橢圓形、 平行四邊形、梯形、花菱形、卵形、曲線三 角形。							
①會說出 1～2 種形狀的名稱。							
②會說出 3～4 種形狀的名稱。							
③會說出 5～10 種形狀的名稱。							

數量概念的發展							
〈邏輯思考〉							
①分類（按照一種特性）。							
②序列（按照一種特性）。							
③序列（按照二種特性）。							
〈數錢幣〉							
①3個以上。							
②10個以上。							
③100個以上。							
〈認識數字〉 0 1 2 3 4 5 6 7 8 9 10 11、12、13、14、15、16、17、18、19、20							
①1、2。							
②0-10。							
③0-20。							
〈基數〉							
*準備：籌碼或錢幣、圖片 ①實物與數字卡片 1-5 之配對。							
*準備：串珠、數字卡片 ②0-9 配對。							

＊準備：串珠、數字卡片。							
③ 0～19 配對。							
〈序數〉							
①指出一系列物品中的「第一個」。							
②指出第一、第二、第三。							
③指出第一～第十。							
〈十進制〉							
＊準備：金色串珠組							
①說出「1」。							
②說出 1、10、100、1000。							
③給予 4 位數的「量」，找出數字卡片							
（例如 3,951 ）。							
〈比較〉							
①了解「一個」和「許多」。							
②了解「比較多」和「比較少」。							
③找出數量一樣的組別。							
〈運算〉							
①〔不評估〕							
②了解「加/減」。							
③不用教具算出總和（不超過）5 的加法。							
例如 2 ＋ 3 ＝ 5，1 ＋ 3 ＝ 4							
（在腦中計算，也可說是一種記憶）							

〈時間〉							
①〔不評估〕							
②依序說出一週七天（例如星期一～星期日）。							
③說出今天的日期。							
〈金錢〉 ＊準備：1元、5元、10元錢幣							
①說出（認出）這是1元錢幣。							
②說出2或3種錢幣。							
③認出並說出1元、5元、10元錢幣，並且知道1元所代表的意義。							
語言的發展 〈個人資料〉 ＊用詢問的方式							
①姓、名、年齡、性別。							
②生日。							
③家中電話號碼及地址。							
〈身體部位〉 ＊用詢問的方式							
①前、後、旁邊、頭（頂端）。							
②臀、肘、肩。							

③膝蓋、腳踝、腕、眉毛。							
〈了解指令〉 ＊跳下來、轉個圈、碰你的腳趾、請坐下							
①完成兩項。							
②完成三項。							
③完成四項。							
〈聆聽故事〉							
①參與聆聽老師說故事5分鐘或更久。							
②聽完故事後，一面看故事書的圖畫，可以 　把故事再說一次。							
③聽完故事後，不看圖畫就能把故事再說一 　次。							
〈口語的溝通〉							
①談物品。							
②談自己生活中的事件。							
③談自己的想法（參與團體討論）。							
〈圖片與注音符號配對〉							
①〔不評估〕							
②6-14個注音符號。							
②15個以上。							
〈排列圖片的次序〉							

＊例如早上起床後的梳洗穿衣過程，或是去　醫院看醫生的過程							
①依序排列 2 張圖片。							
②依序排列 3 張圖片。							
③依序排列 5 張圖片。							
〈發音：注音符號的單音〉							
① 1–4 個。							
② 8–10 個。							
③ 15 個以上。							
〈識字〉							
①認識自己的姓名。							
② 4–8 個字。							
③ 8 個字以上。							

資料來源：Charles Turner & Joy Turner："Preprimary Proficiencies", Montessori Greenhouse Schools, 1990.

綜合發展記錄表（之二）

幼兒姓名：＿＿＿＿　生日：＿＿＿＿

文化概念的發展：自我　健康　家庭　社區　地理　歷史　植物　動物
科學　美勞　音樂　戲劇

單元活動

單元名稱	日期	學習內容	評　量	老師簽名

PS.幼兒學習單元的情形，也記錄於「綜合觀察記錄」（表八、表九、表十）中。

綜合發展記錄表（之三）

人格與社會行為的發展 符號的意義(1、2、3、4、5) 1＝很少，不太(逐漸遞增至)5＝經常，非常	年 月 日	年 月 日	年 月 日	年 月 日	年 月 日	年 月 日
• 喜歡上學。						
• 表現出自信。						
• 協助維持教室整潔。						
• 參與團體活動時的配合程度。						
• 主動和成人接觸與互動。						
• 接受成人的引導。						
• 會向成人表達自己的感受。						
• 尊重他人的物品/權利。						
• 表現出自制。						
• 負責任。						
• 能夠專心工作。						
• 能夠獨立地工作。						
• 能夠和同伴合作一起工作。						
• 能夠適當地解決問題。						
• 能夠用口語表達自己的需要。						
• 能夠建設性地運用時間。						

幼兒姓名：＿＿＿＿＿＿

生日：＿＿＿＿＿＿

• 主動和同伴接觸與互動。						
• 和同伴互動的方式：						
○領導者。						
○追隨者。						
○自己玩自己的。						
• 會向同伴表達自己的感受。						
• 能夠注意到同伴的心情沮喪。						
• 對同伴具有同情心（例如試圖幫助或安慰受傷與哭泣的同伴）。						
• 能有始有終地完成工作。						
• 工作上尋求新的挑戰。						
• 能有效運用環境中的資源。						
• 能在各領域均衡地選擇工作。						
• 能夠計劃/完成多重而複雜步驟的工作。						

● 幼兒特別的興趣？
● 幼兒應注意的問題？
● 其他：

老　　師　　簽　　名	日　　　　期		
	年	月	日
	年	月	日
	年	月	日
	年	月	日
	年	月	日
	年	月	日

蒙特梭利幼兒單元活動設計

基本練習與實例

蒙特梭利幼兒單元活動
設計基本練習

壹、如何撰寫蒙特梭利活動計畫

　　幼教老師將課程活動呈現給幼兒之前，必須先慎重而仔細地從各方面來衡量活動的內涵與表現方式。這是實現課程計畫過程中相當重要的一環。因此，蒙特梭利老師應養成寫「活動計畫」（lesson plan）的習慣。

　　活動計畫寫好之後，蒙特梭利老師應先獨自練習好幾次，直到自己對此活動感到熟練而自在時，才呈現給幼兒。此一自我練習的過程，有助於老師發現活動是否行得通，提示的用語是否拗口，進而彈性地調整提示的內容與方式，以符合幼兒的需要。

活動計畫的內容包括：目的、預備活動（或幼兒年齡）、
教具材料、關鍵步驟、提示、錯誤訂正、延伸與變化等，分別
介紹如後：

一、目　　　的

這個活動對幼兒有哪些助益？例如「砂數字板」活動的目
的為：

㈠讓幼兒發展數字觀念與邏輯思考。

㈡讓幼兒認識數字 1–9。

㈢書寫的預備。

例如「倒水」活動的目的為：

㈠肌肉運動的協調。

㈡培養專注力、獨立心、責任感、秩序感。

㈢觀察動作的因果關係，以及時間的連續性。

二、預備活動

幼兒在進行本項活動之前，應具備哪些基礎的活動經驗？
例如「數棒」的預備活動包括：

㈠長棒。

㈡計數的意願與嘗試。

三、教具材料

活動的進行需要用到哪些物品？例如「洗手」的教具為：

㈠塑膠圍裙。

㈡臉盆（上面畫加水線）。

㈢水壺（上面畫加水線）。

㈣小盤子，上面放著洗手肥皂、海棉、擦手毛巾、指甲刷。

㈤水桶及抹布。

四、關鍵步驟

活動從開始到完成，有哪些重要而不可或缺的步驟？

五、基本提示

列舉出活動的所有步驟，包括老師應有的動作提示及語言提示。

六、錯誤訂正

活動（或教具）的哪些設計，可以使幼兒自行發現錯誤而

改正，以達到自我教育的目的。例如圓柱體組的錯誤訂正爲：每個圓柱只能嵌進相合的圓穴。例如紡錘棒的錯誤訂正爲：工作結束後，紡錘棒應該全部用完，如果出現多餘或不足的情形時，即表示有錯誤。

　　七、變化／延伸

　　當幼兒能熟練而正確地一再重複進行本項活動之後，不妨再針對活動的目的，配合幼兒能力的進步，而稍微變化活動的內容與因難度，或設計一些延伸的活動，以激發幼兒更高的工作興趣。

　　例如棕色梯的延伸工作包括垂直的排法，以及和粉紅塔合併練習等等。

貳、如何教幼兒「名稱」：三段式教學法

　　蒙特梭利的三段式教學法是根據「特殊教育之父」塞根（Seguin, Edward）的名稱練習三階段而來的。這種方法簡潔明確，用它來教幼兒認識名稱，可以避免幼兒產生混淆與挫折感。

　　名稱的學習若能配合具體實物的操作，會有更好的效果。因此，在蒙特梭利三段式教學法中，老師應配合具體的刺激物

（實物）來進行名稱教學。

　　一般而言，同時展現兩種不同的刺激物，能帶給幼兒最佳的學習效果；因為，當幼兒看見兩個不同的實物時，會努力去辨別兩者的差異，因而有助於記憶的累積。反之，如果只有一個刺激物，由於沒有辨別異同的需要，會影響記憶的累積。但是如果同時呈現三個刺激物，卻又負擔過重，使得學習效果不如兩個刺激物來得恰到好處。

　　此外，老師應特別注意的是，幼兒在學習名稱之前，應先有大量而豐富的具體實物操作經驗，使得實物本身所傳達的概念能先進入幼兒心智中，然後才能再給予名稱的練習，反之，太早學習名稱，很可能限制了幼兒知識的層面，妨礙幼兒理解力與智能結構的發展。

　　以下就是名稱練習的三段式教學法：

第一階段

　㈠命名：「這是＿＿＿」。
　指第一個刺激物（例如紅色的色板），說：「這是紅色」。
　指著第二個刺激物（例如藍色的色板），說：「這是藍色」。
　　當老師命名其中一個刺激物時，可以把它拿給幼兒，或是邀請幼兒重複這個名稱。然而，請勿和幼兒做冗長的討論，因為過多的言辭可能使幼兒感到混淆。

(二)練習：「請給我＿＿＿」。

第二階段的練習，能夠幫助幼兒了解刺激物和名稱之間的關聯，並且加以運用此一新知識。

在此一階段的剛開始，由於幼兒尚未熟悉刺激物的名稱，因此老師可以扮演錯誤訂正的角色，例如當老師說：「請給我藍色」時，老師不妨暗示性地指指藍色的色板。

在第二階段中，老師可以藉著許多有趣味性的方法，來加深幼兒的印象。例如老師可以請幼兒做出如下動作：請把藍色放在你的頭上，請把紅色藏在你的背後，請把紅色放在桌子下，請把藍色放在膝蓋上（或椅子下、盒子中、手上等等）。

提示的順序為 AB-BA-AB，例如紅藍－藍紅－紅藍。也就是說，請幼兒拿走紅色之後，再提示一次紅色，然後再換成藍色。這樣的順序有助於加深幼兒的印象。

如果幼兒在第二階段中犯了錯誤，請勿指出幼兒的錯誤。因為幼兒會犯錯，很可能是由於知覺或理解力尚未發展成熟，一旦發展成熟了，他自然會改正這些錯誤。

除非幼兒能正確地回應第二階段中三次以上的指令，否則請勿冒然進入第三階段。

第三階段

(三)評估：「這是什麼？」。

當你確定幼兒能夠正確地回答時，請指著第一個刺激物問幼兒：「這是什麼？」，然後指著另一個刺激物問幼兒：「這是什麼？」。

萬一幼兒回答錯誤，請勿立即予以糾正，不妨等待更適當的時機（也許隔一、兩天），從第一階段重新開始練習。

叁、如何進行團體活動 [127]

對學前幼兒來說，在團體活動中守秩序並不是一件容易的事。幼兒需要一段很長的時間，去學習如何成為團體活動中的一份子，包括積極地參與老師帶領的活動及團體討論，以及安靜地坐著聽其他幼兒或老師講話。

如果老師能做到以下幾點，將有助於幼兒學習成為團體活動中的一份子，而且幼兒更將因此了解，要在團體活動中玩得開心，大家必須遵守秩序。

一、在地板（或地氈）上畫線

如果您曾經要求學前幼兒圍成一個圓圈圈，您就會了解這個過程是多麼地耗時費力，而且結果往往不是您要的圓圈圈。這是因為學前幼兒尚未具備完成此項任務所必要的心智條件。

因此，事先在地板上畫線（用彩色膠帶貼在地板或地氈

上），可以避免不必要的錯誤。「請大家過來坐（或站）在線上。」這項指令對幼兒來說，顯然要容易得多。

如果教室有充分的空間，橢圓形的圈圈比圓形更適合幼兒團體活動。例如一個 3.6 公尺×4.2 公尺的空間，最大只能圍成圓周 9.3 公尺（半徑 1.5 公尺）的圓形，卻能圍成圓周 1 0.5 公尺的橢圓形。在此一橢圓形的線上，至少可以坐 24 位幼兒及一位老師而不覺得擁擠。

無論您最後選擇何種形狀，它的圓周與教具架及牆壁之間，至少應維持 30 公分以上（最好是 60 公分）的距離。如此，幼兒在活動進行中不致碰撞到教具或牆壁，也不會因為和教具靠得太近而隨手把玩起來。

二、避免幼兒秩序失控的技巧

幼兒在團體活動中會出現秩序失控與混亂的景象，通常發生於下列兩種情形：

第一種情形

從老師宣布收拾教具請幼兒坐在線上，到團體活動真正開始，這中間讓幼兒等待的時間過於冗長，往往使幼兒因為無事可做，而在圓圈中大肆喧嘩起來。因此，最好的方法便是請老師在宣布團體活動之後，立即帶著早已預備妥當的團體活動相關教材坐在圓圈線上，等待幼兒的一一到來。另一位助理老師

則負責觀察幼兒收拾教具。

這時即使只有兩、三位幼兒坐在圓圈線上，老師仍應讓他們有事可做。例如帶他們唱一些耳熟能詳的兒歌配合簡單的動作，一方面可以排解等待其他幼兒的不耐，更可因此吸引尚未加入的幼兒，加速其收拾教具的腳步，以投入這項有趣的活動中。

第二種情形

幼兒參與團體討論時，最容易發生秩序失控的場面。因此，老師在活動一開始應先聲明他對幼兒行為的期望與應遵守的規定。在活動進行中，如果某位幼兒出現打擾的行為或擅自插嘴，老師應立即暫停進行中的活動，雙眼注視著這位幼兒，表示你在等待他停止打擾的行為。

老師必須堅守原則，不惜一再重複上述警告，直到幼兒的擾人行為消失為止。萬一大多數幼兒仍舊喧鬧不休或變本加厲，老師最好的選擇就是取消進行中的活動。如果喧鬧的幼兒只佔少數，那麼失去參與活動機會的只有這少數的幾位，其他幼兒仍可繼續進行活動。

每一次團體活動開始之前，老師都應不厭其煩地重申對幼兒行為上的期望以及團體活動的規定。有些老師或許會說：「孩子們早就知道這些規定了，何必一再重複」。這種說法其實忽略了學前幼兒對安全感的強烈需求，尤其，當成人對幼兒有所要求時，這種需求更為強烈。

以下是進行團體活動時的幾個步驟：

第一、邀請幼兒坐在線上，並且告訴幼兒今天團體活動的主題。老師率先坐在線上迎接幼兒，在等待時可以唱些幼兒熟悉的兒歌。

第二、想參加團體活動的幼兒都坐在線上之後，再一次告訴幼兒今天團體活動的主題：「在今天的活動中，我們將談一談＿＿＿（或聽一個故事、學一首新歌、玩一個遊戲、介紹一項美勞工作等等）。」

第三、說明幼兒參與團體活動應遵守的規定：

㈠期望的行為

「請大家坐在線上，身體不要動來動去，儘量保持在自己的位置上」；「如果你有話想說，請先舉手並且等待老師喊你的名字才可以說話」。

㈡幼兒的選擇

「請想一想是否要參加今天的團體活動？如果你無法遵守規定，可以選擇安靜地坐在教室角落的椅子上，去想自己的事情或安靜地工作。」

有些老師擔心，如果選擇不參加團體活動的幼兒人數太多，該怎麼辦？經驗告訴我們，只有少數幼兒會在剛開始幾次嘗試選擇離開；事實上，老師給予幼兒的是「心理上的空間」，幼兒坐在教室的角落中，仍然看得見、聽得到活動的進

行，並不會遺漏活動的内容，反而因此躍躍欲試地想回到團體中。

老師在進行團體活動時，應秉持著如下幾個原則[128]：

(一)公平性

老師在活動一開始，就讓幼兒知道老師對他們有哪些行為上的期望，而不是在活動進行中，突然給予某些限制或懲罰。

(二)自覺與責任感

當老師對幼兒說：「請想一想是否要參加今天的團體活動，一旦決定後，便要對自己的行為負責。」如此，能激發幼兒内在的自覺與責任感。

(三)信守承諾

幼兒一旦選擇留在團體中，便應約束自己的行為遵守規定。如果在活動進行中，幼兒出現擾人的行為，那麼先前老師所做的聲明，便成為有效的根據：「你選擇了參加團體活動，但是你的行為告訴我，你並不願意遵守秩序。請你現在站起來坐到角落的椅子上去，當你覺得自己已經準備好遵守團體秩序時，請舉手讓我知道，我會再給你一次機會參加我們的活動。」

肆、如何唸故事書給幼兒聽⒀

一、活動名稱

唸故事書。

二、目   的

幼兒將有機會⋯⋯

㈠體驗故事書帶來的喜悅。

㈡發展專注力。

㈢發展聽力的敏銳度。

㈣增進字彙與理解力。

㈤練習提問題及參與討論。

㈥聽見老師標準的口語發音。

㈦增進知識與洞察力。

三、選擇故事書的要點

(一)主題內容

1. 適合幼兒的年齡。

2. 能引起幼兒的興趣。

(二)圖畫

1. 能吸引幼兒。

2. 圖畫清晰。

3. 圖畫和內容有關。

4. 圖畫的大小能在團體中讓所有幼兒看得見。

(三)作者的文筆

1. 順暢。

2. 字彙易懂。

3. 長度及編排方式適中。

四、空間的安排

空間的安排要符合聽眾（幼兒）的需求，例如：

(一)讀給一位幼兒聽時：讓幼兒坐在你的膝上（或抱著幼兒坐在搖椅上）。

(二)讀給四～六位幼兒聽時：舖一塊小地氈，讓幼兒分別坐在地氈邊緣。

㈢讀給七位以上幼兒聽時：讓幼兒坐在線上。

五、環　　境

維持環境的安靜，避免聽覺與視覺上的干擾。

六、預備工作

老師應做事前練習，亦即私下大聲朗讀故事書（新老師最好對著鏡子唸），因為老師必須事先知道故事情節的發展，才能唸出最佳的效果。以下是老師唸故事書給幼兒聽時，應達到的一些標準，老師們不妨按照這些標準替自己打個分數。

㈠速度、流暢度

1. 聽起來是否順暢？
2. 唸書的速度是否和內容相吻合？

㈡聲　音

1. 是否愉悅？
2. 是否有聲調上的變化？
3. 聲調的變化是否和內容吻合？
4. 是否發音清晰？

(三)態度、眼神

1. 是否熱情？

2. 是否能吸引幼兒的注意？

3. 是否意識到聽眾的反應？

4. 是否經常和幼兒的視線接觸？

(四)身體（動作）、手勢

1. 身體動作與手勢是否能配合故事的內容？

2. 是否能適度展示故事書上的圖畫？

七、基本提示

(一)團體活動開始

說明活動的目的（唸故事書）、行為的規定、以及幼兒可以選擇留下或離開（請參考本章第參部份：如何進行團體活動）。

(二)幫助幼兒集中注意力

1. 請幼兒保持在自己的位置上。

2. 請幼兒舒適地坐著，但是不要動來動去。

3. 請幼兒注意看著唸書的老師及故事書。

(三)介紹故事書

1.唸出書名及作者（作者就是寫這本書的人，我們雖然看不見他，但是他用這本書和我們說話）。

2.引起幼兒的興趣：重點提示故事的內容，以喚起幼兒對這本書的興趣。例如：「在這本書中，有一個小男孩做了一個夢，這一頁圖畫就是在形容小男孩所做的夢。」

㈣唸故事書

用適當的唸書方式，引起幼兒的投入。

1.用富於變化的聲調，來唸書中人物的對話。

2.運用手勢、動作，例如「有人敲門」（舉起手擺出敲門的動作）。

3.預測結果：「你認為小男孩會找到他的母親嗎？」

㈤後續的討論

1.想一些與故事內容相關的問題，來詢問小朋友的意見。例如：「你最喜歡的顏色是什麼？」

2.回憶故事的內容：「母貓說了什麼？」

3.相關的經驗：「如果你的汽球飛走了，你會不會哭？為什麼？」

4.價值性的問題：「你認為小明是不是壞孩子？」；「你認為作者寫這本書，是想告訴我們什麼？」

八、錯誤控制

①讓幼兒坐在線上；②行為的規定；③老師。

九、延伸／變化

邀請幼兒參與「創作」故事：

第一層次：簡短地唸一段故事，然後請幼兒為這個故事提出可能的結局。

第二層次：增加挑戰性。請幼兒按照事件發生的順序，提出故事接下來可能發生的事。

第三層次：每一位幼兒輪流（循環）說一或二句話，由全班合力組成一個故事。

繪圖／陳應龍

伍、如何進行團體律動[130]

　　對學前幼兒來說，學習在團體律動中守份合作，並不是一件容易的事，它需要時間與經驗。同樣的，對老師而言，要教導幼兒進行團體律動，也不是一件容易的事，更需要時間與經驗。以下是進行團體律動的原則和方法，供大家參考：

第一階段

　　• 設定目標
　　一、設定想要完成的目標。例如：
　　㈠介紹一個新的動作。
　　㈡觀察幼兒對節奏的反應。
　　㈢觀察幼兒完成一連串動作的能力。
　　二、仔細而周詳的計劃，不僅可以提供老師明確的方向，使老師對活動產生更大的熱情，更有助於提升活動成功的可能性。

第二階段

　　• 設定限制
　　一、設定幼兒在活動中的體能限制。
　　二、為幼兒設定行為限制，並且在活動一開始即明確地告

訴幼兒。請不要假設他們仍記得昨天你所説的話，幼兒需要再一次聽見你説出所有的行爲限制，如此，可以使他們產生安全感。

三、告訴幼兒某一明確的手勢代表「停止」及「注意聽」。

四、堅守團體秩序：團體律動必須在幼兒都守秩序的情況下，才能順利而開心地進行。如果幼兒出現打擾的行爲，老師應立即中止活動的進行，並且告訴幼兒：「發生這樣的行爲，我們沒有辦法繼續進行活動。」

如果搗亂的幼兒只佔少數，那麼，請牽住他們的手，帶他們離開活動的圓圈，去坐在教室角落的椅子上（不要讓他們坐在一起，最好採隔離的方式安排坐位）。然後告訴這幾位幼兒，他們現在的工作就是「看」其他小朋友進行活動，這樣活動才能順利進行。

如果搗亂的不是少數，而是多數幼兒，使情況失去控制。這時老師只有停止一切活動，並且直接進入第四階段——要求幼兒坐在線上，想一想自己哪裏不對。老師不妨告訴幼兒，明天他們還有一次機會。

老師請勿因爲幾次的失敗而過於沮喪，甚至不敢再度嘗試。團體律動本身就是一種令人興奮而刺激的活動，幼兒必須學習如何參與這種活動以及如何在這種活動中守份自律。

如果老師（領導者）對幼兒的要求明確而前後一致，並且在態度上仁慈而堅守原則，大多數幼兒會學習得很快。

● 觀察與反應

一、注意觀察幼兒對自我需求的表達方式,例如請求協助、請求更多的指導、希求別人的注意、與眾不同、歸屬感等等。

二、做一位敏銳而善感的老師:老師對於律動的內容事前應有充分的計劃與練習,如此,才能順利做到如下事項。

㈠支援個別幼兒的需要。例如在律動進行中,若發現某位幼兒無法跟上律動的練習,不妨走到這位幼兒的面前,讓他能看見你腿部的動作,然後握住這位幼兒的手,和他一起進行律動,一會兒之後,再回到老師原來的位置。

㈡在律動中,視幼兒的反應而改變方向或提出其他的可能性。

㈢在律動中隨時調整位置。

第四階段

● 評　估

一、每當律動告一段落時,應有一段討論時間,檢討上一段落發生的事情,以期下一段落能改善(即使上一段落進行得很順利,討論時間仍不可免,這時老師不妨說幾句鼓勵嘉許的話,期許幼兒在下一段落同樣能表現良好)。

二、幫助幼兒建立團隊感情,並以此感情為基礎,發展出

幼兒之間互相體諒與合作的良好關係。

　　三、幫助幼兒了解與承認自己的能力。

　　四、以幼兒的反應和評語，做為老師日後課程計劃的依據。「今天的活動中，你喜歡的是什麼？不喜歡的是什麼？」

繪圖／陳應龍

陸、如何教幼兒唱歌[131]

選擇歌曲的標準包括如下四個重點：

一、容易唱

剛開始學唱歌的幼兒，能夠唱的範圍多少有些限制。因此歌曲的選擇應該只有幾個音符，而且沒有奇怪的音程（intervals），同時要謹慎地設定歌曲的基音（pitch）。

二、動　　作

在歌曲中加入簡單的動作，能幫助幼兒更加投入，同時由於動作的提示，幼兒更容易記住歌詞。

三、參與創作

有些歌曲會留下一小段空白，讓幼兒參與填入歌詞。這種歌曲往往能引起幼兒熱情的參與，例如「王老先生有塊地」。

四、內容的價值性

請評估歌曲的內容是否具有下列特性之一。

㈠有用的資訊

例如認識身體各部位、顏色名稱、動物聲音等等。

㈡歷史意義

例如文化傳統或音樂上的發展。

㈢富於美感

例如優美的旋律、上乘的節奏。

㈣有趣味性。

例如歌詞、旋律或節奏生動有趣。

| 活動計畫 |

一、活動名稱

教幼兒唱歌與吟詩。

二、目　　的

㈠專心聆聽。

㈡練習口語能力。

㈢參與唱歌或在團體中朗誦。

㈣練習聆聽與回憶。

㈤浸淫中國詩詞之美。

三、教　　具

㈠在地上畫線——圓形、橢圓形、或橫線（用彩色膠帶貼在地板或地氈上），讓幼兒坐在線上。

㈡老師對即將介紹的音樂（或詩詞），應具有相當的知識。

㈢由於詩詞內容對學前幼兒來說過於深奧，老師應針對每一詞句，製作大張圖畫（亦可裝訂成大書），使幼兒看到圖畫，再加上老師的解釋，便能了解詩詞的內容。歌詞較深奧的歌曲部份，亦可採用相同的方式。

㈣選擇運用下列樂器伴奏：例如古琴、吉他、鋼琴（或手提電子琴）、錄音帶。

㈤爲增加唱歌與吟詩的生動趣味性，可選擇運用具體實物，例如花、果、布偶等。

㈥建議老師將適合幼兒的歌曲詩詞以及相關的教具，按主題及筆劃，製作成檔案。

四、關鍵步驟

㈠聽見老師唱這首歌（或唸詩詞）。
㈡介紹這首歌（或詩詞）的內容與意義。
㈢跟著老師一句一句學唱。
㈣一口氣唱完整首歌。

五、基本提示

如果唱歌是此次活動的主要目的，或它是團體時間的第一個活動，老師必須有例行的開場白：包括邀請幼兒坐在線上，說明此次活動的目的，行為的規定等等。

㈠介紹歌曲
1. 介紹歌曲名稱：「這首歌（或詩詞）叫做＿＿，請大家注意聽」。
2. 歌曲表演：由老師唱這首歌（或唸詩詞），特殊情況下亦可放錄音帶。

㈡詮釋歌詞內容

1. 説明歌詞的内容。

2. 讓幼兒説一説這首歌（或詩詞）的内容想要告訴我們什麼？以及幼兒對它的喜惡及感受。「你喜歡它嗎？喜歡它的什麼？聽完之後你感受如何？」

3. 和幼兒討論歌曲（詩詞）的意義，以及任何一個幼兒不熟悉的生字、生詞、或概念的意義。

(三)教幼兒唱歌／朗誦詩詞（方法：注意聽然後跟著唱）

1. 向幼兒説明學唱歌的方法：「首先，我唱一行歌詞，然後你們跟著我唱，我會讓你們知道什麼時候輪到你們。」

2. 「輪到我，（老師唱第一行歌詞）」

3. 指著幼兒：「輪到你們，（幼兒重複第一行歌詞）」

4. 依此類推，一行接著一行，直到第一段唱完。

5. 重複第一段全部。

6. 用同樣的方法繼續教唱其他段落。

7. 合唱整首歌。

六、錯誤控制

①幼兒坐在線上；②老師；③重複練習。

七、變化／延伸

(一)歌曲袋／盒（或詩詞袋／盒）

將這一年學過的歌曲（或詩詞）做一結構性的回顧與複習。在布袋上貼「歌曲袋」的字樣，並且在袋子上以音符的標識做裝飾。每當幼兒學了一首新歌，便把歌曲名稱寫在字條上，放進歌曲袋中，日後可邀幼兒從袋中挑歌曲來唱。

(二)兩組唱歌

將幼兒分為兩組，輪流唱一行（或一段）歌詞。

(三)猜謎遊戲

當幼兒對幾首歌曲相當熟悉時，可以邀請幼兒猜一猜歌曲的名稱，老師則用手拍這首歌曲的節奏。

(四)音樂小書

這是為年齡較大而且已具備音符知識的幼兒所預備的活動。將幼兒熟悉的歌曲譜子寫在自行製作的音樂卡片上，讓幼兒彈奏音感鐘或其他樂器。

表十五：如何向幼兒介紹樂器

一、一次向團體展示一樣樂器。

　(一)示範如何拿握這個樂器，以及如何保護它。

　(二)引導幼兒觀察、比較、以及談論樂器的名字，外表、形狀、聲
　　　音等等。

　(三)讓每一位幼兒有一點點時間輪流「試一試」這個樂器。

二、在工作時間讓幼兒有機會自由探索樂器的聲音品質（沒有老師
參與的獨自探索）。

三、在進行下列團體活動時，可以使用樂器來增加音效：例如唱
歌、吟詩、唸故事書等等。

四、在進行團體律動時，如果幼兒已熟悉該項律動的動作，可增加
樂器的使用。

五、爲幼兒提供非個人的活動經驗，例如聆聽成人演奏樂器。

資料來源：Joy Turner: Culture Subjects For Montessori Preprimary, MWTTP,
　　　　　1988, P.102.

繪圖／陳應龍

柒、分類練習

分類練習可分爲如下兩個層次：

第一層次

第一層次的分類練習，是讓幼兒依教具（實物）某一性質的不同而分類。也就是說教具的諸多性質中（形狀、大小、顏

圖九：分類練習

紅	藍	黃	橘	綠	白

註：①在文字（例如紅、黃……等）格子內，畫上該顏色。

　　②對學前幼兒來說，顏色分類較形狀分類簡單。

色等），只有一種性質相異。例如當教具爲牙刷時，這些牙刷的形狀、大小、材質均相同，只有顏色不同。因此，幼兒的工作就是依牙刷顏色的不同來分類。在延伸部份，則可準備一張分類卡片（如圖九），讓幼兒在分類卡片上做牙刷分類練習。

第二層次

第二層次的分類練習，是讓幼兒練習同時思考兩種性質（如圖十）。也就是說，教具的性質中（形狀、大小、顏色等），有兩種性質相異。例如當教具爲許多鈕扣時，這些鈕扣的顏色與大小各不相同，但其他性質相同（例如形狀都是圓形、材質都相同等等）。

圖十：鈕扣分類練習（實例）

	紅	藍	黃
 （大鈕扣圖）			
 （小鈕扣圖）			

橫列：三種不同的顏色

（圖示）＝大的鈕扣

（圖示）＝小的鈕扣

表十六：皮亞傑的分類理論

皮亞傑（Piaget, J.）將分類練習分爲如下三種：

一、關係性分類：

依功能來分類，例如家庭用品依用途來分類，可分爲清潔用、烹飪用、睡眠用等等。

二、概念性分類：

依本體來分類，例如各種不同的恐龍依所吃食物來分類，可分爲肉食性、草食性與雜食性三種。另外，錢幣依本體來分類，可分爲一元、五元、十元、五十元等。

三、形容性分類：

依特定性質分類，例如依顏色、形狀、數目、厚度、性別、年齡、大小等等來分類。

在上述三種分類中，形容性分類對學前幼兒來說，較爲困難。

資料來源：Joy Turner, Culural Subjects for Montessori Preprimary, MWTTP, 1988, P.203。

分類練習實例

恐龍分類練習（草食或肉食）[132]

一、活動名稱

恐龍吃什麼？

二、目　　的

幼兒將有機會……

㈠發展觀察與判斷的能力（分類的技巧）。

㈡瞭解恐龍的特質（吃什麼食物）。

㈢練習概念性分類（請參考表十六）。

㈣將草食性與肉食性兩個名詞和意義相聯結。

三、預備活動

㈠其他概念性分類練習（請參考表十六）。

㈡探討恐龍相關知識及恐龍吃什麼。

四、教　　具

可以由老師製作或購買。

㈠（12張）同樣大小與顏色的卡片，約 3×5 吋。每一張卡片貼上一種恐龍的圖片，12張卡片為 12 種各不相同的恐龍，其中包括肉食性與草食性的恐龍。例如：

1. 食肉的恐龍：暴龍、異特龍、無齒翼龍、棘龍、魚龍、雙冠龍。

2. 食草的恐龍：腕龍、三角龍（三觭龍）、禽龍、雷龍、劍龍、甲龍（包頭龍）。

＊在每張卡片的背後，貼上一張分類照片，例如食草的恐龍卡片背後貼上一小張植物照片，食肉的恐龍卡片背後，貼上一小張鴨嘴獸及小魚的照片。

㈡兩張關鍵卡片，上面包括文字（草食性或肉食性）與圖案（幾株植物或鴨嘴獸、小魚）。

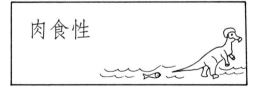

㈢一個盤子（放上述卡片之用）。

五、關鍵步驟

㈠給幼兒看關鍵卡片上的文字與圖案。

㈡唸出「肉食性」與「草食性」兩個名詞，並解釋它的意義。

㈢將關鍵卡片放於地氈頂端。

㈣給幼兒看每一張恐龍照片，並唸出它的名字。

㈤根據恐龍所吃的食物，將恐龍卡片分類。

㈥分類完畢後，幼兒依據卡片後面的圖案，自我訂正是否正確。

㈦將卡片混合在一起，再分類一次或放回教具。

六、基本提示

㈠邀請幼兒來玩「恐龍吃什麼？」的遊戲。

㈡引導幼兒將盤子放在小地氈上。

㈢從盤中拿出關鍵卡片。將「草食性」卡片放在地氈頂端的左邊，說：「這張卡片寫著『草食性』，草食性動物只吃草，通常它們的牙齒很鈍而且平坦。」

㈣將「肉食性」卡片放在地氈頂端的另一邊，說：「這張卡片寫著『肉食性』，肉食性動物會吃其他動物，通常它們的牙齒很尖而且銳利。」

㈤說明這個活動的目的，是要依據恐龍所吃食物的種類（植物或其他動物），將恐龍卡片分類。

㈥從盤中取出一張恐龍卡片，說出恐龍的名字以及它是吃植物或動物。它放在所屬關鍵卡片的下面

㈦其餘卡片重複㈥的方式來分類。

㈧分類完畢後，翻開其中一張恐龍卡片的背面，指出背面圖案的意義。讓幼兒知道這是自我訂正的一個方法。

㈨將所有卡片混合在一起，並疊成一堆。

㈩邀請幼兒自己重新分類一次，並且在完成時通知老師。

(十一)向幼兒展示如何將卡片放回盤中，將教具放回教具架上，捲起小地氈放回原處。

七、錯誤控制

卡片背面圖案。

八、變化／延伸

㈠增加「雜食性」恐龍。

㈡增加其他類型的分類「關鍵卡」，例如恐龍的行動方式（走路、游泳、飛行）、恐龍居住的地方（陸地、沼澤、海洋、空中／陸地）

繪圖／陳應龍

捌、配對練習

一、活動名稱

配對練習

二、目　　的

幼兒將有機會……

㈠練習視覺辨別能力。

㈡辨別事物的相同與相異性。

㈢擴展對文字的視覺辨別力。

三、預備活動

了解一對一配對。

四、教　具

在一個盤子裏放著下列三項中之一項。

（一）圖片配圖片（或實物配實物），5組以上。以下圖為例，每一種圖案都有兩張（圓形、三角形、正方形等等），一張屬於「控制組」，另一張屬於「配對組」（如下圖）。

控制組

配對組

為了區別控制組與配對組，可以採取如下三種方法之一

1. 在圖片角落畫上特定顏色之記號，例如下圖是在控制組卡片的右下方畫上圖形黑點。

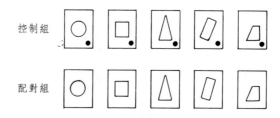

控制組

配對組

2. 將同組的圖片黏在相同底色的紙板上。例如下圖的控制

組卡片底色爲黃色，配對組卡片底色爲墨綠色。

控制組
配對組

3.將控制組的圖片黏在一起成一排，配對組的卡片各自分開。如下圖所示：

控制組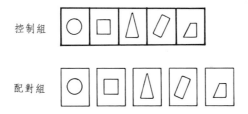
配對組

㈡實物配圖片，亦即控制組爲圖片，配對組爲實物；例如塑膠的蔬菜模型配蔬菜圖片、水果模型配水果圖片、以及恐龍模型、汽車模型、烹飪用具模型、袖珍衣服等等。

㈢三段式圖片：共有如下三種卡片。

1.控制組卡片：包括圖片與文字。

2.配對組卡片：只有圖片。

3.配對組卡片：只有文字。

1.控制組 （圖形與文字）	○ 圓形	□ 正方形	△ 三角形	▯ 長方形	◿ 梯形

2.配對組
（只有圖形）

○　□　△　▯　◿

| 3.配對組
（只有文字） | 圓形 | 正方形 | 三角形 | 長方形 | 梯形 |

五、關鍵步驟

㈠聽見配對活動的名稱。

㈡將控制組卡片放在地氈上（由左至右或由上而下）。

㈢從配對組拿出一張圖片，由左至右和控制組的卡片比較異同，直到找出一樣圖案的卡片爲止。

㈣聽見幼兒說出「一樣」、「不一樣」。

㈤將一樣的卡片（配對組），放在控制組卡片的下面。

㈥完成所有的卡片配對。

㈦將卡片放回盤中。

六、基本提示

㈠邀請幼兒進行配對活動，告訴幼兒活動名稱，例如水果配對或恐龍配對，取出教具。

㈡拿出控制組的卡片，由左至右或由上而下排成一列。然後在適當的時機，向幼兒介紹圖片的內容；如果是三段式卡片，可以告訴幼兒卡片上文字的意義

㈢從配對組拿出一張圖片，依序（由左至右或由上而下）和控制組的卡片一一比較，並且說出「不一樣」或「一樣」。

㈣當找到一樣的卡片時，說：「一樣」，然後將卡片直接放在控制組卡片的下面。

㈤邀請幼兒繼續完成配對。

〈三段式卡片，接續上面的步驟〉

㈥從配對組的文字卡片中拿出一張，和控制組中的文字部份相比較，由左至右（或由上而下）直到找到一樣的卡片。

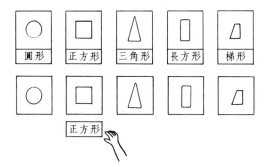

第八章　蒙特梭利幼兒單元活動設計基本練習

(七)找到一樣的卡片時，說：「這兩張一樣，都是＿＿」，將配對組卡片放在控制組的下面（或右邊）直到全部配對完畢。

(八)收拾教具的順序：先收拾文字卡片、然後收拾圖案卡片、最後是控制組卡片。

(九)將教具放回教具架。

七、變化／延伸

(一)美勞：邀請幼兒製作小書，每一本小書都有一個主題，例如水果、蔬菜、清潔用品等等。由幼兒將紙放在圖片（或文字卡片）上描摹，然後著色。最後將同一類的作品結集成一本小書。

(二)邀請（程度適合的）幼兒，將三段式卡片中配對組的圖案卡片與文字卡片進行配對（控制組卡片則是在幼兒配對完成之後自行訂正之用）

配對組
（只有圖形）　○　□　△　▯　◿

配對組
（只有文字）　圓形　正方形

三角形　長方形　梯形

表十七：配對練習的主題

〈三段式圖卡的主題〉
- 動物家族（父母與孩子）
- 動物和它們的房子
- 北極的生活方式
- 鳥類
- 橋樑
- 蝴蝶
- 同學（照片及名字）
- 雲的種類
- 顏色的名字
- 沙漠中的生活方式
- 恐龍系圖
- 著名的繪畫
- 魚類
- 腳（動物的種類）
- 國旗
- 花
- 食物
- 森林中的生活方式
- 幾何形狀
- 哺乳動物
- 錢
- 樂器
- 身體的部位
- 各行各業
- 行星
- 植物和種子
- 爬蟲類
- 海洋中的生活方式
- 季節
- 玩具
- 家電用品
- 房屋
- 昆蟲
- 叢林中的生活方式
- 水陸地形
- 機器

〈實物與圖片配對的主題〉

※實物是指塑膠模型或小型的實物。

- 木匠工具
- 清潔用具
- 衣服（娃娃大小）
- 烹飪用具
- 碗盤
- 交通工具
- 織物的名稱
- 花、水果、蔬菜（塑膠模型）
- 石頭
- 貝殼
- 家具
- 節奏樂器

資料來源：Joy Turner: Cultural Subjects For Montessori Preprimary, MWT-TP, 1988, P.207.

第八章　蒙特梭利幼兒單元活動設計基本練習

玖、團體討論製表活動

一、活動名稱

團體討論製表活動。

二、目　　的

幼兒將有機會……

㈠參與團體分享。

㈡增加和特定主題有關的字彙。

㈢在單元活動展開之前，讓幼兒省思自己對單元主題的認
識。

㈣看見大家的意見被寫在紙上（或白板、黑板上），並且
被老師複誦一次。

三、敎　　具

㈠團體討論的場地（幼兒坐在線上）。

㈡一塊大白板（或一大張白紙）。

㈢白板架，亦可在桌子上寫。

㈣馬克筆及板擦。

四、關鍵步驟

㈠聽見老師說出團體活動的行為規則與選擇的機會。

㈡幼兒說出自己的意見（分享）。

㈢看見老師寫下幼兒的意見。

㈣老師大聲唸出剛才寫在黑板上的幼兒意見（用手指著每一個字）。

五、基本提示

㈠邀請幼兒坐在線上。老師坐在線上迎接幼兒，在等待時可以唱些幼兒熟悉的兒歌。

㈡活動開始：告訴幼兒今天活動的主題。

㈢說明參加團體活動的規定：

1. 期望的行為：「請大家坐在線上，身體保持在自己的位置，如果你有話想說，請先舉手，並且等待老師喊你的名字，然後才可以講話。」

2. 幼兒的選擇：「如果你不想參加今天的團體活動或是你無法遵守團體秩序，你可以選擇安靜地坐在教室角落的椅子

上，去想你自己的事情或安靜地工作」。「如果你選擇離開，請舉手……。」

㈣請幼兒想一想有關（單元主題）方面的意見。

㈤進行團體討論製表活動：

1. 解釋：告訴幼兒你將寫下他們的意見，並且製作成一張表格。

2. 準備：坐（或站）在黑板架的右側（如此，當你寫字時，你的身體才不會擋住幼兒的視線），並且拿起馬克筆。

3. 標題：寫下並且唸出標題。

4. 邀請：「如果你知道＿＿＿，並且願意告訴其他小朋友，請舉手。」

5. 指定：呼叫個別幼兒的名字，請其發表意見。

6. 書寫：寫下每一位幼兒的意見（如果意見太冗長或太複雜，請在簡化幼兒的意見之前，詢問幼兒：「我可以這樣寫嗎……」。

7. 停止：當你寫下 5 ～ 10 位幼兒的意見之後，請告訴幼兒今天的討論就到此告一段落，如果小朋友還有意見，老師可以利用工作時間幫小朋友寫下來。

8. 朗讀：大聲唸出剛才寫下的幼兒意見，一邊唸一邊用手指著每一個唸出的字（亦可邀請已經會閱讀的幼兒來唸）。

繪圖／陳應龍

第八章　蒙特梭利幼兒單元活動設計基本練習

拾、如何製作小書 [133]

一、活動名稱

製作小書。

二、目　　的

幼兒將有機會……

㈠藉著畫畫、描圖、著色等活動，來練習小肌肉與手眼協調。

㈡增加字彙能力。

㈢在一個多重步驟的活動中，學習集中注意力。

㈣將書寫文字與符號聯結在一起。

三、預備活動

金屬嵌板、複製圖案活動、畫畫。

四、教　　具

㈠設計一個工作桌，將教具放在桌上（如果教室環境不允許另設工作桌，亦可直接將教具放在教具架上供幼兒取用）。

㈡準備一個已製作好的樣本供幼兒描摹樣本上的文字，例如樣本的封面上即寫著這次的主題。

㈢製圖的方式有下列五種，可選擇採用其中一種。

1.彩色鉛筆、馬克筆或蠟筆。

2.適當的模板（由老師購買或製作）、鉛筆。

3.（圖畫）貼紙以及潮濕的海棉放在小盤子上。

4.舊雜誌或彩色目錄（讓幼兒剪）、剪刀、漿糊。

5.黑白圖案（影印或描圖）、色筆。

㈣紙（製作小書用）：紙的大小爲 $5\frac{1}{2}$ 吋，形狀爲正方形。

㈤彩色壁報紙（小書封面、封底之用）：大小爲 $5\frac{1}{2}$ 吋，形狀爲正方形。

㈥釘書機。

五、關鍵步驟

㈠認明小書的主題（標題），並且看見樣本。

㈡準備圖畫。

㈢每一頁描摹樣本的小標題。

㈣當全部完成時，通知老師。

㈤按順序將每一頁疊整齊。

㈥加上封面、封底。

㈦用釘書機釘兩次（靠近左邊邊緣）。

㈧（在封面上端）寫下或描摹標題及作者。

六、基本提示

㈠邀請幼兒針對某一特定主題製作一本小書。

㈡展示小書的樣本，並且把樣本的每一頁唸一遍。

㈢提示如何製作小書（根據所提供的美勞材料而定），以下是四種製作的方式：

1. 將紙（$5\frac{1}{2}$吋，正方形）放在圖案上描，然後著色。

2. 將紙對準模板，沿著邊緣描，加入細節部份，著色。

3. 將貼紙碰觸濕海棉，貼在紙中央。

4. 從舊雜誌中挑選合適的圖片，剪下後貼在紙上。

㈣每完成一頁，就把該頁紙壓在樣本同頁上，描下該頁的小標題（亦可請老師協助）。

㈤請幼兒完成後通知老師。

㈥協助幼兒裝訂小書：先拿最後一頁（正面朝上），依序整齊地疊在一起。加入封面、封底、用釘書機釘兩次（靠近左邊邊緣）。

㈦邀請幼兒描摹樣本的封面,在小書的封面上寫下標題(或是由老師畫上小點讓幼兒描寫)以及幼兒自己的名字。

(老師在封面上畫小點
再讓幼兒用筆描)

㈧和幼兒一起把小書每一頁的內容唸一遍。

㈨引導幼兒把工作桌上的教具整理整齊。

七、錯誤控制

①樣本;②老師。

八、變化╱延伸

①其他主題;②製作全班的小書(每一位幼兒負責一頁)。

拾壹、畫圖說故事

一、活動名稱

畫圖說故事。

二、目　　的

幼兒將有機會……

㈠用圖畫及文字來表達自己的想法。

㈡體驗自己所說的話可以被寫下來。

㈢體驗所說的話被寫下來之後，可以由不在場的第三者再度「唸出來」。

㈣透過與老師的討論，增加幼兒對下列事項的了解：字的意義、句子構造、發音等等。

㈤觀察寫作的步驟（過程）。

三、教　　具

㈠畫圖用具：

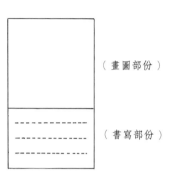

（畫圖部份）

（書寫部份）

1. 紙（如上圖所示），畫畫時請將書寫部份摺至背面。

2. 蠟筆、彩色鉛筆、或彩色麥克筆等等；以及供老師書寫用的鉛筆。

四、關鍵步驟

㈠邀請幼兒畫出想畫的人、事、物。

㈡當幼兒完成後，請先將畫圖用具放回教具架。

㈢將摺至背面之書寫部份的紙摺回來。

㈣請幼兒說出畫中的故事。

㈤幼兒看見所說的故事被寫成文字。

㈥和老師一起唸故事。

　　五、基本提示

　　㈠邀請幼兒在預備好的紙上，畫出想畫的人、事、物（書寫部份請先摺至背面）。

　　㈡當幼兒完成後，請先將畫圖用具放回教具架。

　　㈢邀請幼兒和你一塊兒坐在小椅子上。請確定幼兒所坐的位置可以注視著你寫字。

　　㈣請幼兒告訴你圖畫上的故事（有些幼兒不知該如何說，可以問他：「如果你的圖畫能說話，它會說些什麼呢？」

　　㈤老師注意聆聽幼兒說話。

　　㈥問幼兒希望老師在紙上寫下什麼？老師照著幼兒所說的寫下來，通常為三句話左右。

　　㈦老師邀請幼兒一起把這個故事再唸一次。

　　㈧在作品的角落寫上幼兒的名字（或由老師畫小點，幼兒描著寫）。經過幼兒的同意後，貼在語文區的牆壁上，週末再請幼兒帶回家。

　　㈨如果每天或每週有一段以「分享」為主題的團體活動時間，不妨邀請幼兒以這張圖畫故事和全班分享。

六、錯誤控制

①書寫部份預先摺至背面；②老師。

七、變化／延伸

①剪下舊雜誌上的圖片，貼在紙上；②將小型實物貼在紙上。

拾貳、美勞基本練習

幼教老師要設計出吸引幼兒並且適合幼兒能力的美勞活動，必須先了解幼兒在美術能力上的發展，才能在設計美勞課程時，做出明智的決定，並且在觀察幼兒的反應之後，給予適當的幫助。

科勞格（Kellogg,Rhoda）將幼兒的美術發展，分爲如下幾個階段（請參考圖十一）[134]：

- 塗鴉階段（scribbles）：約一至二歲。
- 布置階段（placement stage）：約二至三歲。
- 形狀階段（shape stage）：約三至四歲。
- 設計階段（design stage）：約三至四歲。
- 圖畫階段（pictorial stage）：約四至五歲。

以下是針對二至七歲幼兒的美術發展能力，所做的討論[135]：

㈠二至四歲幼兒

這個年齡階段的幼兒，歷經了布置階段、形狀階段及設計階段（請參考圖十一）。這個階段的幼兒，並不在乎自己用什麼顏色，只要能畫得出來就好。他們開始爲自己的塗鴉命名，例如指著自己的畫爲生日蛋糕或飛機。他們最常用的形狀是圓

圖十一：幼兒的美術發展

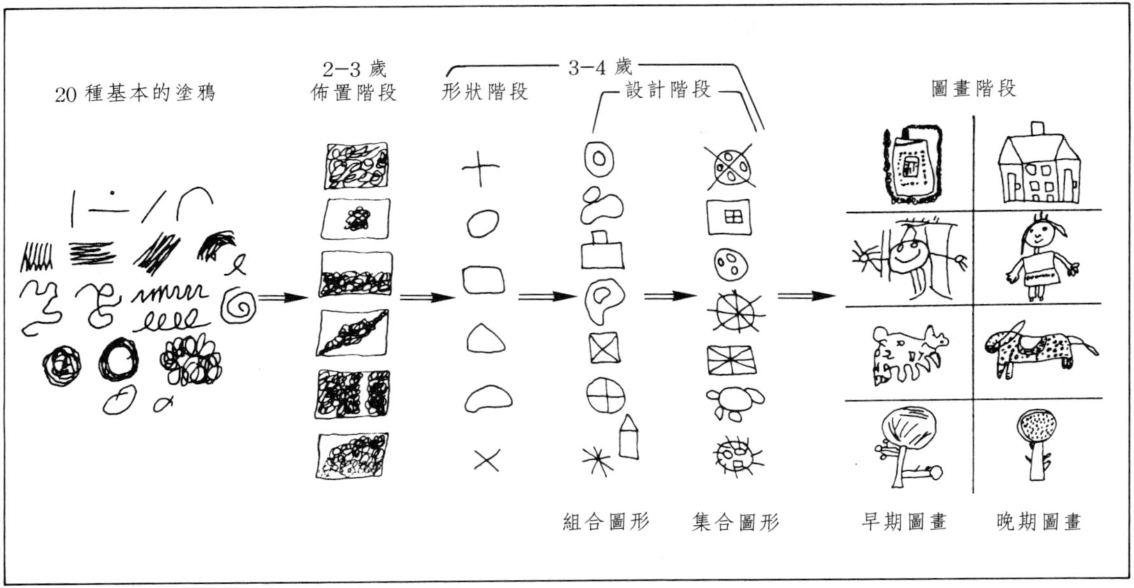

20種基本的塗鴉

2-3歲 佈置階段

3-4歲 形狀階段 設計階段

組合圖形 集合圖形

圖畫階段 早期圖畫 晚期圖畫

資料來源：Kellogg, R.: Understanding Children's Art. Psychology Today. May, 1967.

形。

　　大約三歲半左右時，幼兒開始以不同的顏色表達不同的事物，不過仍然不太能反映真實事物的顏色。

　　㈡四至七歲幼兒

　　這個階段的幼兒，嘗試以不同的繪畫方式來表達相同的事物。成人也開始看得懂幼兒所畫的圖畫。剛開始幼兒的圖畫非常主觀、個人化。他在圖畫中呈現的都是身邊相關的事物，而與旁人沒有太大關聯。

　　然而在五、六歲之前，幼兒開始用一些符號來代表風景——例如陸地在下端、天空在上端、沒有顏色的空氣在中間，另外還有房子（通常會有個門把）、煙囪、雲、太陽、花、樹。在幼兒心目中似乎有一幅根深柢固的風景畫面，他會一次又一次重複畫著相同的風景，而每一次的完成都能帶給幼兒極大的滿足感。有時幼兒還會以黏土來塑造這幅風景的三度空間。

　　這時幼兒對顏色的選擇，仍然主要是憑個人的好惡而決定；但是，他也逐漸意識到畫頁上顏色和諧的重要性。

　　以下分別介紹繪畫與美術拼貼這兩種類型的美勞基本活動：

⎡繪畫類活動⎤

〈目　　的〉

㈠透過藝術的方式來表達其成長。

㈡練習視覺與動作的協調和控制。

㈢增進對顏色的認識。

㈣發展正確性、理解力、及創造力。

㈤觀察不同的繪畫方式及自我反應。

㈥體驗線條、空間、形狀及顏色的特質。

㈦用不同的方法來使用畫具，以創造不同的視覺效果。

一、蠟　　筆

●材料：工作板、紙、蠟筆（可分爲細的、粗的、以及短而剝皮的，一共三種）、蠟筆筒、紙巾（清潔用）。

●關鍵步驟：

㈠將紙、蠟筆（筒）及工作板放在桌上，由幼兒選擇喜歡的顏色作畫。

㈡請幼兒完成時，通知老師。

㈢協助幼兒把名字寫在作品上。

㈣檢查工作板或桌上是否留下蠟筆痕跡，向幼兒示範如何用乾紙巾擦拭。

㈤示範如何按照顏色將蠟筆放回，並將蠟筆筒放回原位。

㈥徵求幼兒的同意後，將作品貼於牆上（或放入幼兒的工作檔案中）。

二、粉筆（畫在濕紙上）

●材料：

• 中等大小（有邊）的盤子，上面放著如下物品：

　　──18公分豬鬃畫筆一枝

　　──小瓶子（上面畫著裝水線）

　　──彩色粉筆（筒）

　　──小海棉

• 尼龍圍裙

• 15 × 23公分厚紙（畫畫用）

●關鍵步驟：

㈠穿上尼龍圍裙。

㈡從教具架上拿一張厚紙放入盤中，連同盤中原有的教具一起端至桌上。

㈢將小瓶子裝水（不超過裝水線），放在盤子上。

㈣拿起畫筆，示範如何拿畫筆（用大姆指與食指抓握）。

㈤「現在我用畫筆沾水，然後要在紙上塗滿水」。將畫筆放入水瓶中沾水，拿出水瓶時應先在水瓶口抹去水滴，以免水滴在盤子上。

㈥用畫筆將水塗在厚紙上，由左至右，然後由上而下。提醒幼兒必須儘快作畫，以免畫紙變乾。

㈦請幼兒用粉筆在濕紙上作畫。

㈧請幼兒完成時通知你。協助幼兒寫上姓名，並且放至晒乾區。

㈨示範如何清洗與擦乾水瓶；用海棉擦拭盤子上的水滴與粉筆痕跡。教具放回教具架上。

●其他粉筆活動：在美勞區的角落準備一個直立式的黑板及一些粉筆，供幼兒在黑板上作畫或寫字。

三、手指畫

●材料：

・尼龍圍裙

・中等大小（有邊）的盤子一個

・畫紙（小於盤子）

・水糟（或一個大臉盆裝水）

・海棉一塊

・液狀漿糊

・兩個瓶子（蓋子上有小洞），內裝乾顏料（原色：紅、黃、藍）

・（擦手用）抹布一條

●關鍵步驟：

㈠穿上尼龍圍裙。

㈡將畫紙放在盤中。

㈢用一隻手把漿糊塗勻於紙上。

㈣另一隻手搖動顏料瓶，將顏料灑在漿糊紙上（灑三次）。

㈤鼓勵幼兒用手將顏色混合在一起，並且嘗試用不同的方式來移動顏料，更可以用手創造出喜歡的圖案。

㈥當幼兒完成時，示範如何把手擦洗乾淨，並且將畫放於晒乾區。

㈦在水槽清洗盤子，並且用海棉擦乾。

㈧桌子及尼龍圍裙若沾上顏料，應用海棉擦拭乾淨。

㈨將教具放回教具架上。

● 錯誤控制：

• （有邊的）盤子

• 灑顏料時要計算次數（三次）

● 變化／延伸：

• 加入沙子或玉蜀黍粗粉

四、用畫筆繪畫

● 材料：

• 畫架（高度要配合幼兒的身高）

——紙夾（兩個）

——畫架有放置顏料及畫筆的地方

——畫架應安置在照明充足、不擁擠之處。天氣良好時可放在戶外讓幼兒作畫

——保護畫架附近的地板及牆壁（例如蓋上舊報紙、塑膠墊或油布等）

——若不用畫架，亦可使用畫板在桌上作畫，但是桌子下面必須是可以清洗的地板

• 尼龍圍裙。

• 在畫架附近準備清潔用具，例如拖把、水桶及海棉，以應付緊急時所需。

• 以下材料放在教具架上，供幼兒取用：

——紙

——水瓶（畫上裝水線）

——畫筆（放在筒子中）

——海棉

——幾罐有蓋子的液狀顏料

——用具盒

● 關鍵步驟：

㈠選擇適當的工作地點，穿上尼龍圍裙。

㈡示範如何將畫紙夾在畫架上。

㈢事先問幼兒畫完之後是否想寫出這幅畫的故事，如果幼兒想寫，則請預先將畫紙下端摺入背面約 10−13 公分。

㈣從教具架上取出繪畫用具，包括：顏料（初畫者最好只

用一罐顏料）、畫筆（一罐顏料用一枝畫筆，初畫者只用一種顏料故只需一枝畫筆）、水瓶、海棉。

㈤將繪畫用具一一放在畫架的凹盤處。

㈥在水瓶中注入水（裝至水線處），小心地放回畫架凹盤處。

㈦示範下列步驟：

1.打開顏料罐的蓋子，將蓋子放在旁邊空隙處。

2.拿起畫筆，放入水瓶中弄濕筆尖，在瓶口抹去水滴，然後用力壓在海棉上，以擦乾水滴。

3.用筆尖沾顏料，在罐口抹去欲滴出的顏料，然後畫在畫紙上。

㈧這時，邀請幼兒拿起畫筆（協助他拿握畫筆），將顏料畫在畫紙上。

㈨當幼兒的畫筆需要更多顏料時，告訴幼兒這一次你將幫他一起沾顏料。老師將手放在幼兒的手上，指引他沾取顏料的整個過程（亦即：沾、抹、畫，請見步驟㈥）。若畫紙上有一部位的顏料太厚，可告訴幼兒用畫筆將顏料在畫紙上塗勻。

㈩讓幼兒自行繪畫，並且在畫完時通知你。

㈪示範收拾教具的步驟：

1.蓋上顏料罐的蓋子。

2.先拿畫紙的下端（這樣畫紙濕的表面會朝上），將畫紙拿去晒乾（或平放在寫故事的桌子上）。

3.在水瓶中清洗畫筆（將畫筆用力壓在瓶底，然後小心地

在瓶中揮轉），用海棉擦拭筆上剩餘的顏料及水份。

4. 清洗水瓶及海棉。

(十一)將繪畫用具放回教具架（幼兒身上的尼龍圍裙仍不可以脫掉，直到寫故事及所有清理工作完成後方可脫掉）

(十二)寫故事的步驟，請參考本章拾壹：畫圖說故事。

● 錯誤控制：

㈠預先規劃的繪畫領域。

㈡水瓶上的裝水線。

㈢一罐顏料用一枝畫筆，所以三種顏色的三罐顏料要用三枝畫筆。

㈣初畫者限用一罐顏料。

㈤老師。

● 變化／延伸：

㈠增加不同粗細的畫筆，以及不同材質與顏色的畫紙。

㈡增加顏料的顏色。

㈢和幼兒討論並示範不同的繪畫技巧所畫出來的不同效果。

㈣用其他用具來作畫，例如用吸管吹畫紙上的顏料（注意吸管不可碰到顏料）。

五、水彩畫

● 材料：

- 尼龍圍裙
- 教具架上放置一疊白色畫紙或水彩畫紙（15 × 23 公分）
- 乾紙巾（摺疊成原來的 $\frac{1}{4}$）、當作畫筆的吸墨紙
- 盤中的用具包括：水彩（8 種顏色）、水彩筆、水瓶（畫上裝水線）、海棉

● 關鍵步驟：

㈠從教具架上取出一張白紙及一張紙巾，將它們放入盤中。

㈡在水瓶中注入水（至裝水線）。

㈢示範：將畫筆浸入水瓶中，畫筆浸濕後，在瓶口等待畫筆上的水滴滴完。將畫筆碰觸水彩，然後迅速移至畫紙上。將畫筆拿給幼兒作畫。

㈣當畫筆上的水彩畫完時，向幼兒示範如何換顏色：將畫筆浸入水瓶中搖轉，然後壓在紙巾上（如果紙巾上仍有很濃的顏色，表示畫筆未清洗乾淨，應再放入水瓶中清洗）。

㈤如果幼兒年齡較小，請幼兒畫完時通知你。

㈥向幼兒示範如何將濕畫紙放至晒乾區，以及如何收拾水彩用具。

㈦請老師在每天下班前，用冷自來水（短暫地）沖水彩顏料盤，然後用紙巾擦去水彩顏料盤上的污痕。

● 錯誤控制：

㈠水瓶上的裝水線。

㈡紙巾（吸墨紙）。

㈢老師。

● 變化／延伸：

㈠（年齡較大的幼兒）增加水彩的顏色。

㈡和其他繪畫工具混合使用（例如蠟筆、炭筆等）。

美術拼貼

〈目　　的〉

幼兒將有機會……

㈠體驗空間關係，以及在整體中嘗試安排與設計。

㈡集中注意於形狀與質地感。

㈢加強選擇材料的分辨力與決斷力。

㈣將藝術視爲傳達意念與感受的媒介。

一、漿糊拼貼

● 材料：

• 尼龍圍裙

•（放在教具架上）15 × 23 公分中等厚度的背景紙

• 大盤子（可以在盤中工作及放置用具），上面包括：

——一罐有蓋子的漿糊（漿硬衣服用之液體狀漿糊）。

——不同顏色和形狀（預先剪好 1.5 公分的正方形）的小塊薄棉紙。

——約 1.3 公分的扁刷一個。

——水瓶（畫上裝水線）；海棉。

●關鍵步驟：

㈠穿上尼龍圍裙，拿一張背景紙，然後將大盤子放在桌子上。

㈡取出一些小塊薄棉紙放在背景紙上。嘗試排列出各種圖形，直到排列出自己喜歡的圖案為止。

㈢打開漿糊蓋子，用扁刷將漿糊塗在薄棉紙上（用另一隻手按住薄棉紙），請確定薄棉紙濕透黏在背景紙上。

㈣將作品拿至晒乾區。在水槽清洗刷子；用海棉擦拭大盤子；將用具放回教具架。

●錯誤控制：以大盤子為工作的範圍。

●變化／延伸：

㈠針對薄棉紙及背景紙的形狀、大小、顏色做一些變化。

㈡壓皺薄棉紙，可以設計出新鮮的圖案（例如花朵——中央平坦、周圍壓皺）。

㈢增加其他材料，例如薄布、網狀編結物等等。

二、打洞與黏貼

● 材料：

• 壁報紙——大小和金屬嵌板相同，是 $5\frac{1}{2} \times 5\frac{1}{2}$ 吋（14 × 14 公分），有兩種顏色（或同色但深淺不同），各 24 張。

• 打洞墊子：15 × 15 公分之正方形（細毛地氈）。

• 釘子或圖釘：以 30 公分長的細繩連接釘子與打洞墊子（細繩一端綁住釘子頂端，細繩另一端穿過打洞墊子，亦即在墊子邊緣鑽一個洞，用細繩綁住）。

• 漿糊（放在有蓋的小瓶中）、小刷子（漿糊用）

• 墊子（黏漿糊時所用的墊子）、海棉

• 金屬嵌板教具組（或不同形狀的自製嵌板）

● 關鍵步驟：

㈠向幼兒說明活動的目的：「如何用一個新方法將紙分開，以及如何將紙黏起來。」

㈡將紙放在金屬嵌板專用的托盤上，然後從教具架上選擇一種形狀的金屬嵌板及一枝鉛筆。在紙上描好金屬嵌板的形狀後，將金屬嵌板、鉛筆及托盤放回教具架上。

㈢從教具架拿出打洞墊。將畫好形狀的紙放在打洞墊上，用一隻手按住紙的一端，另一隻手用釘子沿著形狀的線條打洞。洞與洞之間應儘量靠近。

㈣用雙手輕輕沿著洞緣（即形狀的線條）撕開，撕開之後

就是作品甲和乙（如下圖所示）。

（甲）　　　　　　　　（乙）

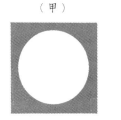 

㈤將打洞墊及釘子放回。換上漿糊、刷子、墊子、海棉、以及另一種顏色（或同色但深淺不同）的紙。

㈥將黏漿糊專用的墊子放在桌上，然後把剛剛以打洞完成的作品甲放在墊子上。打開漿糊蓋子，用刷子沾漿糊塗在作品甲上。

㈦將作品甲貼在另一種顏色（或同色但深淺不同）的紙上，邊緣要對齊。然後將紙翻過來，在其背面貼上作品乙。

㈧用濕海棉擦拭墊子及桌上的漿糊，並且在水槽清洗海棉及刷子，將海棉及刷子擰乾後放回原處。

●錯誤控制：將整個活動分爲幾個階段，一次完成一個階段。

●變化／延伸：

㈠設計其他的漿糊黏貼活動。

㈡打洞的圖案可包括其他幾何圖形、動物輪廓、植物樹葉形狀、地圖等等。

三、剪　　紙

● 材料：

• 剪刀（放在剪刀架子上）、托盤。

• 剪紙分類櫥，每一層均放置剪紙用的紙條（2.5 × 10 公分），並以號碼區隔。

1. 空白紙條

7. 鋸齒線

2. 直線

8. 自由設計

3. 斜線

9. 自由設計

4. 曲線

10. 自由設計

5. 尖角線

11. 自由設計

6. 雙曲線

蒙特梭利幼兒單元活動設計課程

●關鍵步驟：

㈠從剪紙分類樹中拿出一張紙條（第一層的空白紙條可供初學幼兒練習剪碎片之用）。

㈡拿起剪刀，告訴幼兒如何將手指頭放在適當的位置，如何用力，以及如何張開及關閉剪刀。

㈢告訴幼兒操縱剪刀的秘訣是讓剪刀一直朝向前方不轉彎，如果要剪曲線而必須改變方向時，最好去轉動紙的方向，而不是轉動剪刀的方向，如此對幼兒來說會比較好剪。

㈣示範剪紙。

㈤邀請幼兒嘗試，必要時引導幼兒的手做正確的動作。

㈥將教具放回原處。

繪圖／陳應龍

第九章

蒙特梭利幼兒單元活動

設計實例介紹

壹、單元活動主題

培養健康的習慣。

貳、前　　言

健康的身體是幼兒成長的基礎，也就是說，幼兒的身體必須很健康，才會有精力去探索四周的環境，進而從中學習。更重要的是，幼兒在身體上的健康會影響其心理的健康，為了使幼兒擁有真正的幸福與快樂，在幼兒時期培養健康的習慣，並盡力保持健康，是非常重要的事。

參、目　的

幫助幼兒培養健康的習慣。

肆、主要概念

㈠如何照顧自己。

1.吃營養的食物能提供我們活動時所需的精力，幫助我們成長。

2.每天睡眠充足，我們的身體才能得到足夠的休息。

3.每天適度地運動，可以幫助我們的肌肉、心臟、及其他身體部位更加強壯。

4.每天保持清潔（包括身體、牙齒、手等等）。

5.接觸陽光、呼吸新鮮空氣。

6.每天喝足夠的水。

7.定期至醫院做健康檢查。

8.抬頭挺胸，有益於身體的健康。

㈡如果我們看不見、聽不見、說不出話來，那是什麼樣的情況呢？（讓幼兒因此更加珍惜自己的健康）。

㈢誰能幫助我們維持身體的健康？

1.幼兒自己（培養健康的習慣、注重個人衛生）。

2.醫生、牙醫、護士等等，均可協助我們維持身體的健康。

蒙特梭利幼兒單元活動設計課程

伍、單元計畫日曆表

本書第六章第六節曾介紹蒙特梭利教室的活動作息安排，其中包括工作時間、團體活動時間、戶外活動時間、以及午睡等等。以下的單元計劃日曆表（見表十八）是指每日「團體活動時間」所進行的單元課程內容，它並非每日課程的全貌（見表十九）；因為，老師在團體活動中向幼兒介紹的教具及遊戲道具，會在團體活動結束後，放回開架式的教具櫃上，讓幼兒自由選擇。幼兒也許會選擇這些與單元主題相關的工作，也許會選擇與單元主題無關的其他工作（例如粉紅塔、音感鐘、美勞等等），幼兒的選擇要視幼兒內在的敏感程度與興趣而定，這便是單元課程融入蒙特梭利教育時應掌握的精神所在。

表十九：蒙特梭利幼兒單元活動日程表

8:00～8:30	入園、照顧環境、自由活動	• 每位幼兒認養一棵植物、小動物或環境中的事物，每天入園後即應予以餵養或清潔。
8:30～9:00	團體活動時間	• 單元活動引導，請參考表十八。
9:00～10:30	工作時間	• 幼兒自由選擇工作，可能選擇蒙特梭利教具，亦可能選擇與單元主題有關的工作，端視其內在興趣與敏感程度而定。

第九章　蒙特梭利幼兒單元活動設計實例介紹

	• 在工作時間，幼兒可隨時至點心桌自由取用點心（通常點心桌同時可坐二至三人）。
10:30 ～ 10:55　團體活動時間	• 單元活動引導或其他團體活動。
10:55 ～ 11:20　戶外活動時間	• 戶外活動區應具有各種運動設備、沙坑、花圃、菜圃、樹蔭或小亭子等等。
11:20 ～ 12:10　午餐時間	• 洗手、準備午餐。 • 吃午餐。 • 刷牙、上廁所。
12:10 ～ 12:40　午睡、午休時間	• 四歲以下幼兒午睡兩小時。 • 四歲以上幼兒午休半小時。
12:40 ～ 2:00　工作時間（四歲以上幼兒）	• 老師可利用這段時間針對年齡較大的幼兒進行個別引導或小組引導。
2:00 ～ 2:10　（四歲以下幼兒）起床	
2:10 ～ 3:00　工作時間	• 幼兒自由選擇工作。
3:00 ～ 3:30　團體活動	• 唸故事書(可配合單元內容)。 • 音樂律動(可配合單元內容)。
3:30 ～ 3:45　點心時間	
3:45 ～ 4:30　戶外活動時間	
4:30 ～　　回家（上娃娃車）	

活　動　一

談「健康的習慣」

　　一、目　　　的

幼兒將有機會……

㈠藉著相關的圖片與書籍，將注意力集中於健康的習慣。

㈡聽見使用書籍的規定。

㈢參與團體討論，並且和他人分享自己的看法。

㈣看見大家的意見被寫在紙（或白板）上，並且被老師複
誦一次。

　　二、教　　　具

㈠團體討論的場地（幼兒坐在線上）。

㈡健康圖書館：和健康的習慣、醫生、醫院等相關之圖畫
故事書、彩色壁報以及圖片等。

㈢大白板（或黑板、或一大張白紙）。

㈣黑板架；一枝粗馬克筆（或粉筆）；板擦。

三、關鍵步驟

㈠聽見老師說出團體活動的行為規定。

㈡幼兒說出（分享）自己的意見：「健康的習慣有哪些？」

㈢看見老師在白板上（或白紙上）寫下幼兒的意見，並且複誦一次。

㈣聽見老師說明如何使用健康圖書館。

四、基本提示

㈠邀請幼兒坐在線上並聲明活動的主題。老師率先坐在線上迎接幼兒，在等待時可以唱些幼兒熟悉的兒歌。

㈡活動開始：再一次告訴幼兒今天活動的主題：「在這個活動中，我們將談一談健康的習慣。」

㈢說明參與團體活動的規定：

1. 期望的行為：「在這個活動中，我希望大家安靜地坐在線上，注意聽老師及其他小朋友所說的話，把手放在自己的膝蓋上。」「如果你有話想說，請先舉手並且等待老師喊你的名字，然後才可以講話。」

2. 幼兒的選擇：「請想一想你是否要參加今天的活動？如果你不能遵守規定，你可以選擇離開我們——安靜地坐在教室角落的椅子上，去想你自己的事情或安靜地工作，如果你不想

參加今天的活動，請舉手。」

㈣邀請幼兒想一想有哪些健康的習慣？

㈤進行討論與製表活動：

1. 解釋：告訴幼兒你將寫下他們所說的健康習慣，並且製作成一張表格。

2. 準備：坐（或站）在黑板架的右側（當你寫字時，你的身體才不會擋住幼兒的視線），並且拿起馬克筆。

3. 標題：寫下並且唸出標題——健康的習慣。

4. 邀請：「如果你知道有哪些健康的習慣，並且願意讓其他小朋友也知道，請舉手」。

5. 指定：呼叫個別幼兒的名字，請其發表意見。

6. 書寫：寫下每一位幼兒的意見，包括幼兒名字及意見內容（如果意見太冗長或太複雜，請在簡化幼兒的意見之前，詢問一句：「我可以這樣寫嗎？_____」）。

7. 停止：當你寫下 5-10 個意見之後，請告訴幼兒今天的討論到此告一段落。如果小朋友還有意見，你可以在自由工作時間幫他寫下來。

8. 朗讀：大聲唸出剛才寫下的意見，一邊唸一邊用手指著每一個唸出的字（亦可邀請幼兒中已經會閱讀的幼兒來唸）。

㈥介紹健康圖書館的圖畫書和圖片：「這裏有一些圖畫故事書和圖片，可以幫助我們認識健康的習慣……這本書叫做____（書名）；這本書是有關____（例如牙醫）；這本叫做____（書名）；這張圖片是____；這張圖片是介紹____。」

㈦示範如何看圖畫故事書：

1. 首先，你的雙手必須是乾淨的。

2. 選一本故事書放在桌上(或靠著軟墊坐在圖書室的地上)。

3. 打開封面，用一隻手按著書緣。

4. 用另一隻手小心翻閱書頁(用大姆指和食指翻動書角)。

5. 看完之後把書放回書架上：握住書背，將書直立放著，書背朝外（面向你）。

㈧展示健康圖書館的位置：

1. 說明並展示圖畫書與圖片將放於教室中何處，然後將展示過的書與圖片搬至該處。

2. 說明何時可以看這些故事書，「大家可以在自由工作時間看這裏的故事書」。

繪圖／陳應龍

活　動　二

算術壁報——健康的習慣

一、目　　　的

幼兒將有機會……

㈠聽見有哪些健康的習慣。

㈡看見和健康習慣有關的圖片。

㈢加強 1~10 數的概念（計數、量、數字）。

二、教　　　具

㈠貼壁報的牆壁空間。

㈡彩色壁報紙（顏色和蒙特梭利算術教具彩色串珠的顏色一樣）分別剪出 1~10 的數字字樣。如果班上年齡層以三歲幼兒居多，不妨在剛開始製作 1~5 算術壁報，隔一陣子再製作 1~10 算術壁報。

1（紅色）	6（紫色）
2（綠色）	7（白色）
3（粉紅色）	8（深棕色）
4（黃色）	9（深藍色）

　　　　5（淺藍色）　　　10（金色或淺棕色）

　㈢十種和健康習慣有關的圖樣：

　　1.圖片的來源可以直接影印雜誌或書籍上的圖片，然後用彩色鉛筆著色，或由老師自行設計與繪畫。

　　2.完成的彩色圖片可以貼在和數字相同顏色的紙上（請參考上面所列出的數字與顏色），當做底色。

　　3.以下是1-10的圖片內容供讀者參考：

　　⑴每天刷牙（圖片：牙刷、牙膏）。

　　⑵注重個人衛生，例如梳洗頭髮、剪指甲等（圖片：梳子）。

　　⑶時常洗手（圖片：肥皂）。

　　⑷鼻涕要擤乾淨（圖片：面紙）。

　　⑸每天洗澡（圖片：小朋友在浴缸洗澡）。

　　⑹足夠的睡眠（圖片：小朋友在晚上九點上床睡覺）。

　　⑺適度的運動（圖片：幾位小朋友在戶外打球）。

　　⑻吃健康的食物（圖片：四種食物例如飯、牛奶、雞腿、青菜）。

　　⑼接觸陽光、呼吸新鮮空氣（圖片：大晴天小朋友在戶外郊遊）。

　　⑽定期健康檢查（圖片：護士阿姨幫小朋友量身高體重）。

　　＊以下是1-10算術壁報的整體架構圖（呈直角三角形）。

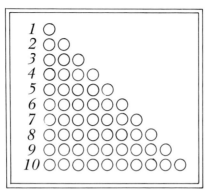

㈣算術壁報的位置，必須讓坐在線上的每一位幼兒可以看見。

三、關鍵步驟

㈠聽見壁報的主題。

㈡和幼兒談健康的習慣。

㈢看見圖片並且聽見每一項健康的習慣。

㈣從 1～10，數一數每一個數字旁邊的圖片有多少張。

㈤看見每一張圖片的背景紙顏色和數字顏色一樣。

四、基本提示

㈠活動開始：說明活動的目的（介紹新的算術壁報）、行爲的規定、幼兒可以選擇離開等等。

㈡介紹新壁報：站在新壁報前，告訴幼兒這個壁報的主題是健康的習慣。

㈢介紹第一排圖片：「這是牙膏和牙刷，小朋友有沒有每天刷牙？刷牙是很好的健康習慣。現在讓我們來數一數有多少張牙刷的圖片——1，只有1張」。

㈣指著數字1，邀請幼兒和你一起唸1。

㈤指出圖片的背景紙是紅色，和1的顏色一樣，都是紅色。

㈥介紹第二排圖片……，直到第十排圖片。

㈦「在這一張圖片中，有一位護士阿姨在幫小朋友量身高體重，定期到醫院做健康檢查是很好的健康習慣。現在讓我們一起來數數看有多少張量體重的圖片——1、2、3、4、5、6、7、8、9、10，一共有10張。」

㈧指著數字10，邀請幼兒和你一起唸10。

㈨指出圖片的背景紙是咖啡色，和10的顏色一樣，都是咖啡色。

五、延伸／變化

㈠依照單元主題的不同，更換不同的圖片，例如動物單元時，圖片的內容為各種的動物，如圖十二所示動物壁報中的動物包括：

1. 馬
2. 狗
3. 貓
4. 魚
5. 兔子
6. 蜻蜓
7. 企鵝
8. 大象
9. 鳥
10. 豬

圖十二：動物單元的算術壁報

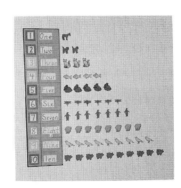

㈡依單元課程的需要，製作語文壁報、幼兒美勞壁報等。

洗　　手

一、目　　的

幼兒將有機會……

㈠發展動作協調力、專注力、獨立心、秩序感、責任感。

㈡增進自我照顧的意識與能力。

㈢觀察一連串動作的因果關係及順序性。

㈣練習日常生活的技能。

二、預備活動

使用海棉、桶子；倒水。

三、教　　具

㈠尼龍圍裙、抹布、水桶。

㈡臉盆（上面畫加水線）。

㈢水壺（上面畫加水線），放在臉盆中。

㈣小盤子一個、上面放著洗手肥皂（最好是擠壓式）、海

棉、擦手毛巾、以及指甲刷。

四、關鍵步驟

㈠水壺中加水至加水線，在臉盆中倒入一半水。

㈡將兩隻手放入臉盆的水中浸濕，輕輕甩掉手上的水滴。

㈢按肥皂瓶一次（擠壓式膏狀肥皂），將肥皂在手掌、手背及手指間搓洗。

㈣將指甲刷沾濕，刷除指甲上的污垢。

㈤雙手浸在臉盆中，把肥皂泡沖掉。

㈥洗掉指甲刷上的泡沫，指甲刷甩乾後放回盤中。

㈦將盆中的污水倒進水桶中。再將水壺中剩餘的水倒進臉盆，兩手浸入水中搓洗，然後甩掉手上的水滴。

㈧用毛巾擦乾每一根手指頭，將污水倒入水桶中。水桶中的污水倒入水槽。

㈨用海棉擦拭桌面及用具。

㈩用抹布擦拭桌面及用具。

(十一)放回教具。

五、基本提示

㈠邀請幼兒進行洗手活動，穿上尼龍圍裙。

㈡從教具架上拿出洗手的教具，放在桌子旁邊的地上。

㈢拿出臉盆和水壺放在桌子中央，用具托盤放在右邊。

㈣拿著水壺走至水糟，打開水龍頭將水注入水壺中，用手指著加水線，提醒幼兒注意：「水加到這條線時，請把水龍頭關起來。」

㈤回到桌邊，將水壺放在桌上，指著臉盆裏的加水線，問幼兒有沒有看到。

㈥將水壺的水倒入臉盆中（倒至加水線）。

㈦將水壺放在右前方，把手浸入臉盆的水中；輕輕甩掉手上的水滴。

㈧一隻手放在肥皂瓶下，另一隻手按壓肥皂瓶（擠壓式膏狀肥皂），然後對幼兒說：「只按一次」。

㈨將肥皂液在手掌、手背、手指間搓洗。

㈩將指甲刷沾濕，刷除指甲上的污垢。

(十一)雙手浸在臉盆的水中，將肥皂泡沖掉。

(十二)洗掉指甲刷上的肥皂泡，甩乾後放回盤中。

(十三)將臉盆中的污水倒入水桶中，將水壺中剩餘的水倒進臉盆中，兩手浸入水中搓洗。

(十四)手指張開、朝下、緩緩伸出水面，輕輕甩掉手上的水滴。

(十五)用毛巾擦乾每一根手指頭，將污水倒入水桶中。將水桶中的污水倒入水槽。

(十六)用海棉擦拭桌面及用具上殘留的肥皂泡。

(十七)用抹布擦乾桌面及用具。

(十八)放回洗手的教具及尼龍圍裙。

六、錯誤控制

①水壺及臉盆中的加水線；②按肥皂瓶一次；③老師。

七、變化／延伸

「不要吃手指頭」：和幼兒討論我們的手上有很多細菌，如果吃手指頭，會把細菌傳入我們的口中，使我們生病。

繪圖／陳應龍

第九章　蒙特梭利幼兒單元活動設計實例介紹

活　動　四

走路、站立、坐的正確姿勢

〈正確姿勢的重要性〉

　　保持走路、站立及坐的正確姿勢，是一種良好的健康習慣；因為它可以保護我們的背，使它不受到傷害，更可以使我們的身體運作得更好。反之，不良的姿勢不僅會傷害我們的背，更會使我們的身體受到不良的影響。

　　請老師根據以下原則，向幼兒示範正確的姿勢。

一、走　　路

㈠抬頭挺胸、雙手自然下垂。

㈡以緩慢而穩定的步伐，兩腳交互前進（腳跟→腳尖）。

㈢避免彎腰駝背、步伐混亂。

二、站　　立

㈠抬頭挺胸。

㈡站得平穩。

㈢避免彎腰駝背、搖晃不穩。

三、坐

㈠背挺直，腰部稍微靠住椅背。

㈡膝蓋合攏，兩手放在大腿上。

㈢避免彎腰駝背、坐得太淺。

㈣（女孩子）坐下之前，身體略前傾，用手沿臀部托住裙子（以免鈎住或不整齊），然後輕輕坐下。

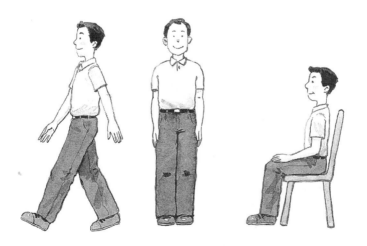

繪圖／陳應龍

301

活 動 五

如何擤鼻涕

一、目　　的

幼兒將有機會……

㈠學習如何擤鼻涕。

㈡避免因流鼻涕而使周圍的人看了覺得很髒。

㈢避免傳遞細菌。

二、教　　具

面紙一盒。

三、預備活動

幼兒曾參加其他團體活動。

四、關鍵步驟

㈠邀請幼兒練習如何擤鼻涕。

㈡解釋擤鼻涕的重要性。

㈢提醒幼兒不要直接用面紙「擦」鼻涕，解釋原因。

㈣示範擤鼻涕的步驟：面紙緊貼著鼻子，安靜擤出鼻涕，用面紙捏擠鼻子。

五、基本提示

㈠邀請幼兒來練習如何擤鼻涕。

㈡向幼兒解釋當自己流鼻涕時，去擤鼻涕的重要性：「鼻涕流出來而不把它擤乾淨，會使人看了覺得髒髒的，而且鼻涕中含有細菌，如果沒有擤乾淨，它還會傳遞細菌。」

㈢提醒幼兒鼻子流鼻涕時，如果只是用面紙擦掉流出來的鼻涕，而沒有把鼻涕擤乾淨，會使臉部弄得更髒。所以，最好的方法還是擤鼻涕。

㈣示範擤鼻涕的步驟：

1.從面紙盒中抽出一張面紙（摺成一半）。

2.將面紙緊貼著鼻子，然後儘量小聲地把鼻涕擤出來。

3.用面紙捏擠鼻子。

4.將面紙丟入垃圾桶中。

六、變化／延伸

「打噴涕時請搗嘴」：向幼兒指出當一個人得了感冒而打

噴涕時，會從口中噴出細菌，如果你站在他的旁邊吸進這些含有細菌的空氣，這些細菌便會進入你的身體（肺部），使你生病。因此，當我們感冒打噴涕時，一定要摀住嘴巴，不要把細菌傳染給別人。

繪圖／陳應龍

活　動　六

健康的食物

一、目　　的

幼兒將有機會……

㈠獲得有關健康食物方面的資訊。

㈡了解食物，和它所屬的種類。

㈢增加新字彙（食物的名稱、食物四大種類的名稱）。

㈣練習視覺辨別力。

㈤加強相似與相異物的辨別能力。

二、預備活動

配對練習，曾參加食物四大種類的單元課程。

三、教　　具

㈠四大類食物的圖卡兩套。

　1.第一套圖卡：依食物種類（共四大類）分別貼在一張長方形的白色硬紙上，在頂端寫上食物種類名稱（例如穀類、果

蔬類、乳品類、肉類）及顏色符號（藍色圓點：乳品類；紅色圓點：肉類；黃色圓點：穀類；綠色圓點：果蔬類），然後「護貝」，請參考圖甲。

2.第二套圖卡：個別的食物圖卡共二十張，放在小籃子中，每一張圖卡的下方文字前面，均有顏色符號，請參考圖乙。

穀類：飯、麵包、麵條、麥片。

肉類：雞腿、牛排、豬排、蝦子、蛋、花生醬。

乳品類：牛奶、乳酪、冰淇淋、優果。

果蔬類：花椰菜、紅蘿蔔、蕃茄、葡萄、香蕉、青菜。

㈡在一張白色硬紙卡上畫一個彩色的圓形盤子，右邊畫一個小刀、湯匙，左邊畫一個刀叉，然後「護貝」起來。請參考圖丙。

㈢長方形大托盤一個（放置上述教具）。

以上食物的圖片，均爲影印的圖案，請老師用彩色鉛筆爲每一種食物著色（例如青菜畫綠色，葡萄畫紫色等等），將更能吸引幼兒的目光。著色完畢後，請拿去「護貝」，不僅效果會更好，也更耐用。

四、關鍵步驟

㈠將第一套圖卡（四大張食物分類卡）由左至右排列。

㈡從第二套圖卡中（個別的食物圖卡），拿出一張和第一

套圖卡配對，直到第二套圖卡全部配對完畢。

㈢請幼兒從四大類食物（圖卡）中，，各選一樣放在紙盤子中，當作中餐（或晚餐、早餐）的食物。

㈣向幼兒解釋均衡地選擇健康食物的重要性。

五、基本提示

㈠邀請幼兒來玩健康食物遊戲。

㈡引導幼兒準備小地氈，然後將教具放在小地氈上。

㈢從大托盤中拿出第一套圖卡（四大張），由左至右排列。

㈣從大托盤中拿出第二套圖卡（二十張）中的一張，和第一套圖卡中的食物圖片配對（較年幼的孩子可以根據顏色符號或圖卡形狀與顏色來「配對」；較年長的幼兒則根據本身對四大類食物的知識以及文字辨識能力來「分類」）。

㈤直到第二套圖卡（共二十張）全部配對（分類完畢）。

㈥邀請幼兒從四類食物（圖卡）中，各選一樣放在紙盤子裏，當作中餐（或晚餐、早餐）的食物。向幼兒強調偏食對身體有害，應該均衡地選擇食物。

㈦向幼兒解釋吃營養食物的重要性，並指出「垃圾食物」的營養價值很低，如果吃太多反而會吃不下正餐的營養食物，這樣對身體是有害的：「如果你是從四大類食物中挑選營養的食物，你將會有足夠的精力來工作和遊戲。」

㈧將教具放回大托盤中，然後將整盤教具放至開放式的教具架上。

六、錯誤控制

①顏色符號；②一對一配對；③兩套圖卡的食物圖案，在顏色與形狀上均完全相同。

七、延伸／變化

爲了配合較年長幼兒的需要，另外製作一份新的第一套圖卡（共四張），這一套卡片沒有食物的圖片，而是在四張卡片上分別寫著：肉類、穀類、果蔬類、乳品類。然後讓年長幼兒（程度適合者）拿出第二套圖卡（個別的食物圖片二十張），和上述四張文字卡片進行分類遊戲，這些幼兒必須根據文字或食物所屬類別的知識來加以分類。

（圖甲）第一套圖卡：

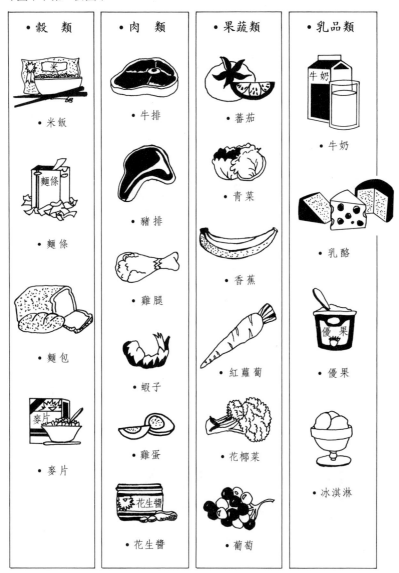

• 穀　類
• 米　飯
• 麵　條
• 麵　包
• 麥　片

• 肉　類
• 牛　排
• 豬　排
• 雞　腿
• 蝦　子
• 雞　蛋
• 花生醬

• 果蔬類
• 蕃　茄
• 青　菜
• 香　蕉
• 紅蘿蔔
• 花椰菜
• 葡　萄

• 乳品類
• 牛　奶
• 乳　酪
• 優　果
• 冰淇淋

（圖乙）第二套圖卡：

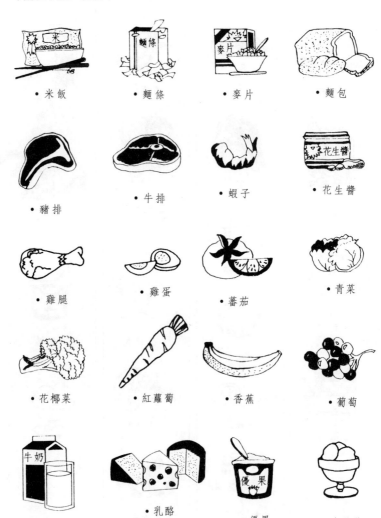

・米飯　　・麵條　　・麥片　　・麵包

・豬排　　・牛排　　・蝦子　　・花生醬

・雞腿　　・雞蛋　　・蕃茄　　・青菜

・花椰菜　・紅蘿蔔　・香蕉　　・葡萄

・牛奶　　・乳酪　　・優果　　・冰淇淋

（圖丙）餐盤與餐具：

介紹戲劇活動──醫院

幼兒的戲劇活動（角色扮演），是一段愉快、有趣，而沒有大人干擾的自由時間。它能真正地激發幼兒運用自己的創造思考來說話，同時，當幼兒為所扮演的角色而創造台詞時，不僅可以幫助幼兒從別人的立場來看事情，也可藉此表達出內在的情感與想法。

對老師而言，幼兒此種自發的扮演行為與自創的台詞，是老師觀察幼兒內在感情與想法的一個機會。

一、目　　的

幼兒將有機會……

㈠獲得有關醫生及護士方面的知識。

㈡學習遠超越童年的社會角色，例如醫生或護士的角色。

㈢運用自己的創造思考來說話。

㈣站在他人的立場來看事情，這有助於幼兒了解別人的感受並產生同理心。

㈤藉著扮演行為與創造台詞，表達出內在的情感與想法。

㈥增加新字彙（醫療用品等等）。

㈦和其他幼兒一塊兒合作，並共享戲劇活動的樂趣。

二、準備活動

曾參與其他團體活動。

三、教　　具

㈠（幼兒大小的）護士制服，包括可調整的白帽及裙子。

㈡（幼兒大小的）醫生制服，包括手術面罩、帽子及白衣袍。

㈢醫療用品組（小型安全複製品）：每一樣用品均貼上文字名稱標籤。

　　—手提箱　　　　　　—血壓計量器（包括臂環）

　　—聽診器　　　　　　—反射鎚

　　—檢目鏡　　　　　　—體重器

　　—體溫計　　　　　　—帶夾子的寫字板及紙筆

　　—皮下注射器

四、關鍵步驟

㈠聽見老師以醫生及護士爲題，唸一本書或進行一小段演講。

㈡看見已佈置好的「醫院角」。

1. 醫生、護士的制服。

2. 所有的醫療用品均貼上文字標籤。

㈢老師說明戲劇活動的進行程序：

1. 一至三位幼兒可一起進行。

2. 幼兒分別穿上醫生（或護士）的制服。

3. 使用醫療用品。

4. 在「醫院」中應小聲講話，不可大聲喧嘩。

五、基本提示

㈠邀請幼兒坐在線上。

㈡說明活動的目的（介紹醫院角及戲劇活動）、行為上的規定、可選擇離開。

㈢老師唸一本圖畫故事書或進行一小段演講，以闡明下列概念：醫生和護士在醫院中做些什麼事？

——醫生有男生也有女生，他們幫助我們保持健康，並且在我們生病時，幫助我們使身體復原。要成為一位醫生，他必須到學校唸許多年的書，並且學習身體的各種事情、各種疾病、以及使病人恢復健康的方法。

——護士也在健康及復健方面受過訓練，醫生的工作需要護士的協助才能完成。

——為了保持身體的健康，我們必須定期去醫院找醫生和護士做例行身體檢查。醫生將看看你的耳朵、嘴巴、以及聽你

的心跳，並且檢查你的身體是否正常地成長。護士會量你的體溫、秤體重，並且將這些資料寫在你的病歷中。

——如果你生病了，醫生會開藥給你，或者他會讓護士幫你打一針。醫生和護士會使用許多醫療用具來進行他們的工作，例如聽診器、體溫計、反射鎚等等（向幼兒展示小型的安全複製品，並且示範安全的使用方法）。

——醫生和護士通常會穿著白色的制服（向幼兒展示醫生及護士的制服，並且說明如何穿、戴這些制服）。

㈣介紹醫院角：

1.向幼兒指出醫生和護士的制服放在哪裏？

2.指出所有的醫療用品都貼上了文字標籤。

3.分別唸出醫療用品的名稱及安全的使用方法。

㈤邀請幼兒在工作時間到醫院進行扮演活動，活動的進行程序如下：

1.此一扮演活動可以一個人玩，或兩、三個人一起玩。其中一人扮演醫生、一人扮演病人、另外一人扮演護士。

2.提醒幼兒在進行扮演活動時，可以穿上醫生／護士制服，並使用醫療用品。

3.提醒幼兒在「醫院」中應小聲講話，不可大聲喧嘩。

繪圖／陳應龍

活　動　八

美勞：護士的帽子

一、目　　　的

幼兒將有機會⋯⋯

㈠練習小肌肉運動及手眼協調。

㈡進行一連串步驟以做出護士的帽子。

二、準備活動

剪；摺。

三、教　　　具

㈠白色壁報紙（長 30 公分、寬 36 公分）：用鉛筆從紙的左右兩角各向中央畫一條 16 公分長的直線。

㈡剪刀、釘書機、髮夾（每位幼兒兩根）。

四、基本提示

㈠邀請幼兒來做護士的帽子。

㈡用剪刀沿著畫好的兩條直線剪，這是帽子的後面。

㈢在前端摺 6 公分的邊，做為帽緣。

㈣將所有外緣角集中於帽子後面，用釘書機釘牢。

㈤用髮夾夾頭髮固定。

五、錯誤控制

斜線。

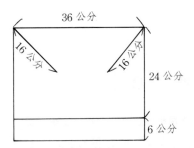

活 動 九

生病的經驗

一、目　　的

幼兒將有機會……

㈠集中注意力於生病的經驗等課題上。

㈡意識到保持身體健康的重要性與好處。

㈢意識到當我們生病時應該怎麼做。

㈣畫慰問卡片，以表達對他人（生病者）的同情與關懷。

㈤參與團體討論，並且將自己的經驗與感受和他人分享。

二、教　　具

㈠白色壁報紙（10公分×15公分）25張。

㈡白色信封（13公分×18公分）25張。

㈢彩色鉛筆及蠟筆。

㈣托盤（放置上述教具）。

三、關鍵步驟

㈠聽見團體活動的行為規定、可以選擇離開。

㈡幼兒說出自己生病的經驗。

㈢和幼兒討論當我們生病時應該怎麼做。

㈣畫慰問卡片，向他人（生病的朋友、親人）表達關心。

四、基本提示

㈠邀請幼兒坐在線上。

㈡說明活動的目的（談一談大家生病的經驗、以及生病時應該怎麼做）、行為的規定，可以選擇離開等等。

㈢請幼兒回想一下自己生病的經驗，然後舉手發言。

㈣向幼兒指出，當我們生病時，不僅我們自己不舒服，我們的父母和家人同樣感到難過。特別是我們的母親，必須花許多時間來照顧我們，直到我們的身體恢復健康。所以保持健康是很重要的。

㈤然後，和幼兒討論生病時應該怎麼做，請幼兒說一說自己的看法。

㈥向幼兒指出，當我們生病時，應該去看醫生，如果醫生開了藥，回家後應該按時服藥。另外，充足的睡眠和喝大量的溫開水也是很重要的。

㈦問幼兒：「如果你有朋友或親人正在生病，請舉手……謝謝，請把手放下。」

㈧「你可以畫一張慰問卡片，來向生病的朋友或親人表達你的關心」。向幼兒介紹畫卡片的教具在哪裏，並且示範畫卡片的步驟。

㈨告訴幼兒，如果需要的話，老師可以幫他們寫（或打點讓幼兒描）一些慰問的話。

繪圖　陳應龍

第九章　蒙特梭利幼兒單元活動設計實例介紹

健康神祕袋（如果你看不見……）

一、目　　的

幼兒將有機會……

㈠練習對實物的觸感。

㈡增進辨別力與判斷力。

㈢意識到視覺的重要性。

㈣意識到如果自己看不見，會是什麼情形？

二、預備活動

觸覺練習。

三、教　　具

㈠（繩繫的）布袋子：裏面有許多和健康有關的物品，例如牙刷、肥皂、面紙、毛巾、梳子、棉花棒、手帕、棉花球等等。

㈡控制組卡片：上述物品的圖片或輪廓（均附有文字）。

四、基本提示

㈠邀請幼兒使用「健康神祕袋」。將袋子放在小地氈或桌子上。

㈡介紹控制組卡片中物品的名稱，將卡片由左至右放在小地氈上。

㈢從袋中一次拿出一件物品，介紹它的名稱以及所代表的健康習慣，然後放在卡片的上方。

㈣袋中的物品被全部拿出來後，邀請幼兒唸出每一件物品的名稱。把幼兒能夠唸出名稱的物品放回袋中，唸不出名稱的物品留在小地氈上，直到全部會唸爲止。

㈤介紹神祕袋遊戲：

1.告訴幼兒你將藉著手的觸摸來「看」袋中的物品，而不是用眼睛看。

2.把手伸進袋中，提醒幼兒一次只摸一件物品，然後用眼睛尋找地氈上對應的卡片。

3.唸出自己在袋中正拿著的物品名稱，然後，把該物品拿出來和卡片比對一下，如果正確則將物品放在卡片上端，如果不正確則將物品放回袋中再試。

㈥老師示範完畢，輪到幼兒進行神祕袋遊戲。如果是團體提示，則應讓每一位幼兒都有一次嘗試的機會。

㈦將所有的物品放回神祕袋中。將此一教具及小地氈放回

原位。

五、錯誤控制

①使用神祕袋之前，先為每一件物品命名；②在神祕袋中，一次摸一件物品；③有圖形的控制組卡片。

六、變化／延伸

㈠（不用控制組卡片）只憑手的觸覺，說出物品的名稱。

㈡當幼兒的手在袋中觸摸一件物品時，請幼兒用言辭形容這件物品的特徵。

㈢較年長且已識字的幼兒，則可以嘗試使用沒有圖案的文字卡片（亦即控制組卡片），來進行神祕袋遊戲。步驟如下：幼兒在袋中碰觸一件物品時，即唸出該物品的名稱，然後將物品拿出袋中與文字卡片（沒有圖形）配對。

繪圖／陳應龍

你說什麼？（如果你聽不見……）

一、目　　的

幼兒將有機會……

㈠意識到聽覺的重要性。

㈡意識到如果自己聽不見，會是什麼情形？

㈢練習觀察力與判斷力。

㈣練習並增進視覺辨別力。

㈤體驗在聽不見的情形下，應如何去了解別人所說的話。

二、教　　具

㈠團體活動的場地。

㈡三套隨身聽及耳機（或其他大小的收音機與耳機）。

三、關鍵步驟

㈠三位幼兒站成一列。

㈡除了第一位幼兒外，其餘兩位均戴上放著音樂的隨聲聽

耳機。

㈢老師告訴第一位幼兒一句話（例如：我肚子餓）。

㈣第一位幼兒告訴第二位幼兒，依此類推。

㈤請最後一位幼兒（第三位）說出他所聽見的話。

㈥向幼兒指出聽覺的重要性，所以，我們要好好保護耳朵的健康。

四、錯誤控制：

①放著音樂的耳機；②遊戲規則。

棉花球數字遊戲

一、目　　的

幼兒將有機會……

㈠增進 1–10 數的概念（計數、組的概念、量、數字）。

㈡更加認識「零」代表什麼都沒有。

㈢將同樣形狀、大小的東西，聚成一組。

二、預備活動

其他 1–10 教具；紡錘棒（蒙特梭利算術教具）。

三、教　　具

㈠45 個棉花球。

㈡數字卡片 0–9，卡片背面是數字，正面是圓圈（圓圈的數目依正面的數字而定），例如右圖：

（卡片正面）（卡片背面）

1.（數字卡片背面）數字的下方，均畫了一條橫線，如此可以防止幼兒把卡片拿顛倒，例如上圖所示，數字 3 的下方有一條橫線。

2.每一張數字卡片的正面（圓圈）應朝上，讓幼兒拿教具時會先看到圓圈——量，然後數一數有多少圓圈，最後才是數字——符號。請大家記得蒙特梭利算術遊戲的原則是：量先於符號，具體先於抽象。

四、基本提示

㈠邀請幼兒進行棉花球數字遊戲。

㈡從數字卡片中拿出一張，數一數卡片正面的圓圈有多少個。「讓我們來數一數有多少圓圈，1、2、3，共有三個圓圈」。

㈢將相同數量的棉花球逐一放在圓圈上：「讓我們將三個棉花球放在這三個圓圈上，1、2、3。」

㈣翻卡片的背面，看它的數字符號。

㈤請幼兒進行其他數字卡片。

㈥收拾教具、放回原處。

五、錯誤控制

①（卡片背面）數字的下方均畫了一條橫線；②圓圈。

六、變化／延伸

依個別幼兒的程度和需要，增加或減少棉花球及數字卡。

大肌肉活動：心跳遊戲

一、目　　的

幼兒將有機會……

㈠發展肌肉的協調能力。

㈡聆聽並依照指示進行活動。

㈢練習各種大肌肉活動，例如：快步行走、跑步、舞動、
跳躍等等。

㈣意識到運動後心跳及呼吸會加速。

㈤學習到運動對健康的重要性。

㈥學習在團體活動中和他人合作。

二、教　　具

室內團體活動的場地；戶外活動的場地。

三、預備活動

靜默練習。

四、基本提示

㈠邀請幼兒「非常安靜地」坐在線上。

㈡說明活動的目的、團體活動的行為規定、可以選擇離開等等。

㈢老師小聲的對幼兒說：「請大家把手放在胸部來感受自己的心跳。請把眼睛閉起來，一直到老師說張開為止。」這時，助理老師可以前去幫助幼兒把手放在心跳的位置。

㈣老師提醒小朋友：「安靜的聽，有沒有聽到心跳的聲音？」

㈤請幼兒輕輕張開眼睛，起立到教室外面做一些運動，例如：跑步、舞動身體、跳躍等等。運動完畢之後，請幼兒回到教室。

㈥請幼兒「非常安靜地」坐在線上，「眼睛閉起來，把手放在胸部來感受自己的心跳。」

㈦幼兒將發現運動之後，自己的心跳快速許多，呼吸也更加急促。

㈧向幼兒指出適當的運動對我們的健康很有幫助。例如剛才我們運動之後心跳會加快，心跳加快可以促進我們的血液循環，使我們更健康。此外，運動還可以幫助我們把身體中一些不好的東西排出去，促進新細胞的成長，因此，適當的運動對我們的健康很有幫助。

活 動 十 四

美勞：露齒的微笑

一、目　　的

幼兒將有機會⋯⋯

㈠練習小肌肉與手眼協調。

㈡按部就班地創作美勞作品。

二、預備活動

剪、貼的美勞工作。

三、教　　具

㈠尼龍圍裙。

㈡托盤中包括：

　　1.預先將紅色壁報紙剪成
唇形輪廓，一共剪二十五份。

　　2.長條形白紙（畫上黑線，
如下圖所示），一共剪五十張。

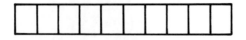

3.（幼兒專用）剪刀一把。

4.黏貼用具一組，包括漿糊一罐、塗漿糊用的棉花棒。

5.白色壁報紙（ 12 × 18 公分 ）二十五張。

6.海棉。

四、基本提示

㈠邀請幼兒進行美勞活動：露齒的微笑。

㈡將紅色唇形紙放在白色紙上。

㈢取出正方形白紙條（畫有黑線條）一或二張，用剪刀沿著黑線剪下正方形小紙塊（牙齒），然後放在紅唇中間。

㈣把牙齒（小紙塊）拿開；將紅色唇形紙用漿糊黏在白紙上。

＊漿糊的塗法：用棉花棒沾漿糊，在上、下唇各塗三個點，請幼兒一面塗一面在嘴裏數著 1、2、3（上唇），1、2、3（下唇）。然後，用手壓住紅唇（以使其固定），從 1

數到 5。

㈤將白色正方形小紙塊（牙齒），用漿糊黏在紅唇之間，漿糊的塗法同上，只是每一顆牙齒只塗一個點即可，塗了漿糊之後，用手壓住從一數到五。

㈥將托盤中的教具放回教具架上，供幼兒於工作時間自由取用。

㈦在幼兒的作品背面，寫上幼兒姓名，然後貼在牆壁上，等健康單元全部結束後，再請幼兒將作品帶回家。

五、變化／延伸

對於部份算術程度較高的幼兒（已進行塞根板 11-19 ），可以邀請他們數一數自己作品中有多少顆牙齒，並且在牙齒上依序貼上 1-20 的數字。

牙刷配對練習

一、目　的

幼兒將有機會……

㈠練習觀察力與判斷力。

㈡練習並增進對顏色的視覺辨識力。

㈢練習肌肉與手眼的協調。

㈣根據顏色來進行實物與卡片的配對。

㈤奠定語言的基礎。

二、教　具

托盤中放著如下教具：

㈠六支不同顏色的牙刷（紅、黃、藍、綠、橘、白）。

㈡六張圖卡（每一張圖卡上畫著一種顏色的牙刷，紅、黃、藍、綠、橘、白）。

三、預備活動

一對一配對練習。

四、基本提示

㈠邀請幼兒進行牙刷配對工作。

㈡將托盤拿至小地氈上。

㈢從托盤中一次拿出一張圖卡,由左至右放在小地氈上。

㈣從托盤中拿出牙刷,逐一和圖卡配對,直到全部完成。

㈤詢問幼兒每一種牙刷的顏色。

五、錯誤控制

卡片上的顏色。

六、延伸／變化

加上文字卡片,做配對練習。

繪圖／陳應龍

牙醫順序卡

　　舉行一個迷你演講，向幼兒介紹牙醫的工作，老師演講的內容如下：「牙醫受過專門的訓練，他們能夠保護我們牙齒的健康，因此，我們應該定期找牙醫幫我們檢查牙齒。如果牙齒上有洞或發生斷裂，牙醫會幫我們修補；但是如果牙齒無法修補好，那麼牙醫必須把牙齒拔掉。」

　　「牙醫的工作需要助理的協助，這些助理也受過牙齒方面的專門訓練。當我們去醫院找牙醫時，助理會帶領我們去治療室。你將坐在一張長條形的靠背椅上，這張椅子可以調整上下；除此之外，椅子旁邊有一張平台，上面放置著牙醫要用的醫療工具。」

　　一、目　　的

幼兒將有機會……
㈠產生寫作的動機。
㈡藉著寫作來增進溝通與自我表達能力。
㈢增進字彙能力的發展。

二、預備活動

㈠可移動的字母。

㈡畫圖說故事。

㈢金屬嵌板。

㈣生字盒。

㈤會使用鉛筆及橡皮擦。

三、教　　具

四張圖卡顯示一個簡單而連續的事件（在每一張圖卡背面的角落，以數字 1、2、3、4 來代表事件發生的先後次序）。

2

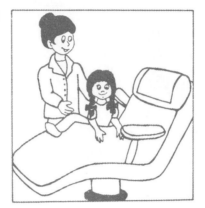

3

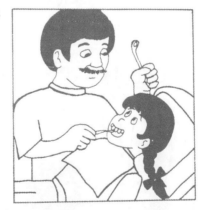

（一）一位小女孩和母親走進一家牙醫診所。

（二）小女孩爬上一個可調整上下的靠背椅，準備接受牙醫治療。

（三）牙醫正在檢查小女孩的牙齒。

（四）小女孩和母親向牙醫及助理說再見。

四、基本提示

本活動因所需預備活動甚多，表示班上有許多幼兒的程度尚無法勝任此一活動，因此，並不適合做團體提示。請老師針對個別幼兒的能力與需要，進行個別提示。

（一）邀請個別幼兒進行牙醫順序卡的工作。

㈡將教具放在桌上（或小地氈上）。把四張圖卡的先後次序加以混淆，然後向幼兒解釋：「這些卡片上的圖畫是在告訴我們一個簡單的故事，現在，我要找出哪一張圖卡最先發生。」

㈢找出最先發生的圖卡後，將它放在小地氈的左邊（由左至右依序放在小地氈上）。然後找出接著發生事件的卡片，直到全部完成爲止。

㈣請幼兒看著這些圖片，告訴你每一張圖畫的内容。

㈤將四張圖卡重新混合，請幼兒自己按照事件的先後次序加以排列。

㈥過了一、兩天之後，針對幼兒的程度增加寫作練習。可以請較年長的幼兒（程度適合者），針對每一張圖片的事件，說出一個句子，然後由老師寫在紙上（或由老師幫忙在紙上打點，讓幼兒描字），幼兒在創作過程中亦可借助自己的生字盒作爲造句的參考。

五、錯誤控制

圖卡背面右下角以數字代表順序。

迎接客人

一、目　　的

幼兒將有機會……

㈠發展協調力、專注力、獨立心、以及秩序感與責任感。

㈡增進社會行為能力。

㈢參與角色扮演的活動。

㈣建立自信與體諒他人的自我形象。

二、預備活動

曾參加其他團體活動。

三、教　　具

團體活動的場地（幼兒坐在線上）。

四、關鍵步驟

㈠聽見老師形容角色扮演的內容。

㈡介紹客人：

甲：「××，這位是○○○。」

乙：「你好，○○○，很高興認識你。」

五、基本提示

㈠邀請幼兒坐在線上，參與今天的團體活動。

㈡老師坐在線上迎接幼兒的到來，在等待時可以唱一些幼兒熟悉的兒歌或手指遊戲。

㈢說明活動的目的：「當客人來到我們的教室，你可以向他說一些問候的話。今天，我將向大家示範有客人來訪時，我們應該怎麼做。」

㈣重申參加團體活動的規定，例如：「在這個團體活動中，我希望大家安靜地坐在線上，手放在自己的膝蓋上。注意聽老師所說的話。」「如果你有話想說，請先舉手，並且等待老師喊你的名字，然後才可以講話。」

㈤幼兒的選擇：「請想一想你是否要參加今天的活動？如果你不能遵守團體秩序，你可以選擇離開——安靜地坐在教室角落的椅子上，去想你自己的事情或安靜地工作。」

㈥開始活動：「現在讓我們假設王伯伯來到我們的教室，當我們看到王伯伯時，可以向他說一些問候的話。現在，我們需要兩位小朋友來幫忙扮演王伯伯和小朋友自己。」

㈦選擇兩位自願的小朋友（例如，小明扮演王伯伯，小鳳扮演小鳳自己、老師扮演老師自己）。

㈧引導兩位小朋友說出下列台詞。

老師：「小鳳，這位是王伯伯。」

小鳳：「王伯伯，您好，非常歡迎您！」

王伯伯：「謝謝你，小鳳！」

㈨向兩位志願的小朋友道謝，然後請他們回座。

㈩問所有的小朋友：「記不記得當老師介紹王伯伯時，小鳳向王伯伯說了什麼？請舉手。」

(十一)點名（舉起手的幼兒），讓幼兒回答。

(十二)邀請幼兒跟著你唸：「您好，非常歡迎您！」如果幼兒仍然興緻勃勃，不妨徵求三位志願的幼兒，分別扮演老師、王伯伯、小朋友。

六、變化／延伸

㈠迎接一位認識的人（例如其他小朋友的父親或母親）：

1. 走向對方，站在他的面前。

2. 眼睛看著對方的眼睛。

3. 向對方微笑著：「早安，林媽媽（或張伯伯）。」

㈡不定期邀請各行各業的客人（或小朋友的親人），來班上參與活動，以擴展幼兒的生活圈與應對進退的能力。

繪圖／陳應龍

活動十八

牙醫來訪——如何保護我們的牙齒？

一、事前準備工作

㈠邀請一位牙醫（兒童牙科）來班上，事先告訴他班上幼兒的年齡分佈情形，例如三至四歲幼兒幾人、四至五及五至六歲幼兒各有幾人。

㈡請牙醫帶一些牙醫的醫療用具到班上給幼兒看。

㈢和牙醫討論活動內容的安排。例如最初十分鐘由牙醫和幼兒討論如何保護牙齒，另外十分鐘則由他和小朋友一起觀賞介紹牙齒保健的卡通影片等等。

㈣事先告訴幼兒，明天將有一位牙醫來我們班上，向幼兒解釋牙醫受過專門的訓練，不僅可以治療我們生病的牙齒，還可以教我們如何刷牙、用牙線，以及如何選擇食物。

二、目　　的

幼兒將有機會……

㈠參與團體討論。

㈡和牙醫建立更友善的關係。

㈢認識刷牙和用牙線的正確知識。

三、教　　具

㈠團體活動的場地（幼兒坐在線上）。

㈡電視、錄放影機、牙齒保健方面的卡通錄影帶（大部份兒童牙醫都有）。

㈢牙醫專用工具。

四、關鍵步驟

㈠聽見參加團體活動的行爲規定。

㈡向幼兒介紹牙醫。

㈢聽見牙醫和幼兒一起討論如何保護牙齒。

㈣看見牙醫專用的醫療用具。

㈤幼兒有機會向牙醫詢問牙齒的相關問題。

㈥看見牙齒保健方面的卡通影片。

五、基本提示

㈠在每一位幼兒胸前的衣服上，貼一張名條，上面寫著幼兒的名字，如此，來訪的客人在團體討論時，看見名條便可以叫得出幼兒的名字。

㈡邀請幼兒坐在線上參與今天的團體活動。

㈢說明活動的目的（有一位牙醫來到我們班上和大家見面）與行為上的規定。

㈣等所有小朋友都安靜下來時，邀請牙醫加入團體坐在線上。

㈤向幼兒介紹這位客人。告訴幼兒醫生有話想和大家說，如果大家有問題想問他，請先舉手等待醫生叫你的名字，然後才可以說話。

㈥牙醫可能會問小朋友一些問題，例如：

「你喜歡吃糖果嗎？」

「吃糖果對我們的牙齒不好，如果因此叫大家不要吃糖果，這樣公平嗎？」

「如果你想吃糖果，請記住吃完後一定要刷牙」。

㈦醫生向幼兒展示牙醫專用的醫療工具，由於部份工具對幼兒有危險性，牙醫必須事先設定限制（例如幼兒不可以去碰這些工具等等），並且說明為什麼設限。

㈧讓幼兒有機會問牙醫問題。

㈨牙醫向幼兒示範如何刷牙及如何使用牙線，或安排卡通影片用有趣而生動的方式，向幼兒示範刷牙及用牙線的方法。

1. 請幼兒排隊走到影片室看卡通。

2. 看完卡通後，讓幼兒有機會針對影片的內容問問題。

㈩全體幼兒向牙醫道謝。

六、變化／延伸

邀請小兒科醫生、眼科醫生或護士等來訪。

繪圖／陳應龍

團體討論製表活動

一、目　　的

幼兒將有機會……

㈠參與團體討論，並且和他人分享自己的看法。

㈣看見大家的意見被寫在紙（或白板）上，並且被老師；
複誦一次。

二、教　　具

㈠團體討論的場地（幼兒坐在線上）。

㈡大白板（或黑板、或一大張白紙）。

㈢黑板架；一枝粗馬克筆（或粉筆）；板擦。

三、關鍵步驟

㈠聽見老師說出團體活動的行為規定。

㈡幼兒說出（分享）自己的意見：「健康的習慣有哪些？」

㈢看見老師在白板上（或白紙上）寫下幼兒的意見，並且

聽見所有的意見被老師複誦一次。

四、基本提示

㈠邀請幼兒坐在線上。老師率先坐在線上迎接幼兒，在等待時可以唱些幼兒熟悉的兒歌或進行手指遊戲。

㈡活動開始：說明活動的目的（談健康的習慣）、行為的規定、幼兒可以選擇離開等等。

㈢邀請幼兒想一想有哪些健康的習慣？

㈣進行討論與製表活動：

1.解釋：告訴幼兒你將寫下他們所說的健康習慣，並且製作成一張表格。

2.準備：坐（或站）在黑板架的右側（當你寫字時，你的身體才不會擋住幼兒的視線），並且拿起馬克筆。

3.標題：寫下並且唸出標題——健康的習慣。

4.邀請：「如果你知道有哪些健康的習慣，並且願意讓其他小朋友也知道，請舉手。」

5.指定：呼叫個別幼兒的名字，請其發表意見。

6.書寫：寫下每一位幼兒的意見，包括幼兒名字及意見內容（如果意見太冗長或太複雜，請在簡化幼兒的意見之前，詢問一句：「我可以這樣寫嗎？_____。」

7.停止：當你寫下 5-10 個意見之後，請告訴幼兒今天的討論就此告一段落。如果小朋友還有意見，你可以在工作時間

幫他寫下來。

　　8.朗讀：大聲唸出剛才寫下的意見，一邊唸一邊用手指著每一個唸出的字（亦可邀請幼兒中已經會閱讀的幼兒來唸）。

　　㈤找出三週前「活動一」的製表結果，和本次活動的製表結果相比較，以了解幼兒對「健康的習慣」，是否有不一樣的認識與理解。

繪圖／陳應龍

兒歌教唱（健康兒歌集錦）

一、目　　的

幼兒將有機會……

㈠專心聆聽。

㈡練習口語能力。

㈢參與唱歌或在團體中朗誦。

㈣練習聆聽與回憶。

㈤藉著歌詞而更加了解健康的習慣。

二、教　　具

團體活動的場地（幼兒可坐在線上）。

三、關鍵步驟

㈠聽見老師唱這首歌。

㈡介紹歌詞內容與意義。

㈢跟著老師一句一句學唱。

㈣一口氣唱完整首歌。

四、基本提示

㈠邀請幼兒坐在線上。說明此次活動的目的、行為的規定、可以選擇離開等等。

㈡介紹歌曲：

1. 介紹歌曲名稱：「這首歌叫做＿＿，請注意聽。」

2. 歌曲表演：由老師唱這首歌。

3. 詮釋歌詞內容：說明歌詞的內容，並且讓幼兒說一說對這首歌的喜惡與感受。然後，根據幼兒的反應和他們討論歌曲的意義，以及任何一個幼兒不熟悉的生詞或概念的意義。

㈢教幼兒唱歌（方法：注意聽然後跟著唱）：

1. 向幼兒說明學唱歌的方法：「首先我唱一行歌詞，然後你們跟著我唱，我會讓你們知道什麼時候輪到你們。」

2. 「輪到我（老師唱第一行歌詞）。」

3. 指著幼兒：「輪到你們（幼兒重複第一行歌詞）。」

4. 依此類推，一行接著一行，直到第一段唱完。

5. 重複第一段全部。

6. 用同樣的方法繼續教唱其他段落。

7. 合唱整首歌。

五、健康兒歌集錦

健康的身體

F 調 4/4

| 1 2 3 1 | 1 2 3 1 | 3 4 5 5 | 3 4 5 5 |
營養食物， 充足睡眠， 天天運動， 天天洗澡，

| 5 6 5 4 3 1 1 | 5 6 5 4 3 1 1 | 1 5 1 — | 1 5 1 — |
使我們身體健康，使我們身體健康， 更 健 康 ， 更 健 康 。

每天勤刷牙

F 調 3/4

| 1 1 | 1 5 3 3 | 3 1 1 3 | 5 5 4 3 | 2 — |
小朋 友呀！小朋 友呀！每天 早上要刷 牙，

| 2 3 | 4 4 3 2 | 3 1 1 3 | 2 5 7 2 | 1 — |
吃過 飯後睡覺 以前，不要 忘記刷刷 牙。

營養的食物

C調 2/4

| 3 5̲ 3 | 1 1 | 2 1̲ 2 | 3 —— |
| 牛奶 | 雞蛋 | 和麵 | 包， |

| 3 5̲ 3 | 1 1 | 2 3̲ 2 | 1 —— |
| 豬肉 | 雞肉 | 和魚 | 肉， |

| 1̇ 7̲ 6 | 5 3 | 1̇ 7̲ 6 | 5 —— |
| 青菜 | 水果 | 和米 | 飯， |

| 6 1̲̇ 6 | 5 3 | 2 3̲ 2 | 1 —— |
| 大家 | 要吃 | 營養食 | 物。 |

繪圖／陳應龍

第九章　蒙特梭利幼兒單元活動設計實例介紹

附　　註

[1] 台北市立師範學院：三至六歲幼兒接受學前教育比例之調查研究；民 80，頁 64−65。

[2] Montessori, M.: The Absorbent Mind; Thiruvanmiyur: Kalakshetra Publications, 1969, P.66.

[3] 朱敬先：幼兒教育；台北，五南圖書出版公司，民 72，頁 6。

[4] Kohlberg, L.: Early Childhood Education, A Cognitive−Development View; Child Development, 39: 1013−62, 1968.

[5] Braum, S.T. & Edward, E.P.: History and Theory of Early Childhood Education; Ohio, Charles A. jones Publishing Co., 1972, Parts 2 and 3.

[6] 盧美貴：開放式幼兒活動設計；台北，心理出版社，民 80，頁 2。

[7] 黃政傑：課程設計；台北，東華書局，民 80，頁 198−209。

[8] 陳淑芳：幼稚園課程研究──蒙特梭利教學模式和一般單元教學模式之實證比較；師大家政研究所碩士論文，民 80，頁

14。

⑨ 黃意舒：我國幼稚園課程發展模式——質的分析研究；師大家政研究所碩士論文，民 76，頁 2。

⑩ 教育部國教司：幼稚教育課程研究資料七十五年度工作報告，民 75，頁 17。

⑪ 同註⑥，頁 2。

⑫ 黃炳煌：課程理論之基礎；台北，文景出版社，民 71，頁 1。

⑬ 黃政傑：課程改革；台北，漢文書店，民 74，頁 14。

⑭ 同註⑧，頁 8。

⑮ 同註⑬，頁 51。

⑯ 同註⑧，頁 9。

⑰ 同註⑧，頁 10。

⑱ Saylor, J.G., & Alexander, W.M.: Curriculum Planning or Modern School; N.Y.: Holt, Rinehart & Winston, 1981, PP.7-8.

⑲ 歐用生：課程發展的基本原理；高雄，復文圖書出版社，民 80，頁 16—28。

⑳ 同註⑲，頁 19。

㉑ 同註⑲，頁 16-17。

㉒ Eisner, E.W.: The Educational Imagination; N.Y.: Macmillan, 1979, PP.83-92.

㉓ Warwick, D.: Curriculum Structure and Design, University

of London Press, 1975, PP.20－26.

[24] Oliver, A.I.: Curriculum Improvement: A Guide to Problems, Principles, and Process (2nd Ed.) N.Y.: Harper & Row, 1977, PP.222－232.

[25] 黃炳煌譯（Tyler, R.W. 原著）：課程與教學的基本原理，台北：桂冠，民 70，頁 95－97。

[26] 同註[7]，頁 290－300；同註[12]，頁 12－17。

[27] Ornstein, A.C. & Hunkins, F.P.: Curriculum: Foundations, Principles, and Issues; N.J.: Prentice－Hall, 1988, P.170.

[28] 同註[12]，頁 16。

[29] Evans, E.D.: Curriculum Models and Early Childhood Education; in Bernard Spodek (Ed.): Handbook of Research in Early Childhood Education; New York, The Free Press, A Division of Macmillan Publishing Co. Inc., 1982, PP.110－127.

[30] 邱志鵬：當代幼兒教育哲理之發展；引自國教月刊，32 卷，7、8 期，民 74，10 月，頁 24。

[31] 同註[30]，頁 23。

[32] 同註[9]，頁 185。

[33] 周逸芬譯：發展與輔導；台北，五南圖書出版公司，民86，頁174－175。

Charles, C.M.: Teacher's Petit Piaget; Fearon Publishers, 1974, PP.1－4.

Muuss, R.E.: Theories of Adolescence (Fifth Ed.); New York: Random House, 1988, PP.206-208, 176-182.

34 Kohlberg, L.: The Development of Children's Orientations Toward a Moral Order; Vita Humana, 1963, 6, PP.11-33.

35 張春興：張氏心理學辭典；台北，東華書局，民 78，頁 227、314、640。

36 Bruner, J.S.: Towards a Theory of Instruction; W.W. Norton & Company, 1966, P.72.

37 Dembo, M.H.: Teaching for Learning, Applying Educational Psychology in the Classroom; Ca: Good year, 1981, PP.326-328.

張春興、林清山：教育心理學；台北，東華書局，民 62，頁 80-83。

38 同註36，頁 33。

39 同註27，頁 170。

40 同註31，頁 18。

41 同註3，頁 7。

42 Muuss, R.E.: Theories of Adolescence (Fifth Ed.); New York: Random House, 1988, PP.27-48.

43 Shaffer, D.R.: Social and Personality Development; California: Brooks Cole, 1979, P.40.

黃迺毓：家庭教育；台北，五南圖書出版公司，民 77，頁 86-87。

44 莊耀嘉：人本心理學之父──馬斯洛；台北，允晨，民71，頁38-52。

45 Feeney, S., Christensen, D., & Moravcik, E.: Who Am I in the Live of Children; Columbus: Bell & Howell, 1983, PP.60-69.

46 Morain, L.L. & Marin, M.: Humanism as the Next Step-An Introduction for Liberal Protestants, Catholics and Jews. Boston: The Beacon Press, 1954, PP. 16-23.

47 張春興：現代心理學；台北，東華書局，民80，頁465-466。

48 Lundin, R.: Theories and Systems of Psychology. Lexington, MA: D.C. Heath and Company, 1985.

49 同註47，PP.469-470。

50 同註47，P.471。

51 李丹主編：兒童發展；台北，五南圖書出版公司，民78。

52 同註51。

53 Montessori, M.: The Absorbent Mind; Thiruvanmiyur: kalakshetra Publications, 1969.
Montessori, M.: The Secret of Childhood; New York: Ballantine Books, 1966.

54 同註53。

55 Gettman, D.: Basic Montessori-Learning Activities for Under-Fives, Scholarly and Reference Books, PP.7-10.

56 Ursula Thrush: Cosmic Education—According to Maria Montessori. Lecture Notes of Ursula Thrush, 1977, PP.49—55.

57 同註 ②，PP.203—207。

58 Dewey, J.: Democracy and Education; 1916, P.383.

59 Mac Donald, B.: Evaluation and the Control of Education; In Tawey, D. (Ed.): Curriculum Evaluation Today—Trends and Implications; London, Macmillan, 1976, P.129.

60 同註 ③1，頁 15—16。

61 Morrison, G.S.: Early Childhood Education Today (3rd. Ed); Columbus, Ohio: Charles E. Merrill, 1984. P.35.

62 許興仁：新幼兒教育入門；台南，人光出版社，民 72，頁 24—25。

63 林朝鳳：幼兒教育原理；高雄，復文出版社，民 75，頁 22。

64 林玉體：一方活水；台北，信誼基金會，民 79，頁 27—28。

65 Sadler, J.E. (Ed.): Comenius; London: The MacMillan Co., 1969, PP.78—79.

66 黃瑞琴：幼稚園教育目標理論與實際之研究；師大家政研究所碩士論文，民 75，頁 13。

67 同註 ⑥4，頁 107—114。

68 盧美貴：幼兒教育概論；台北，五南圖書出版公司，民 81，頁 48。

69　同註62，頁 62。

70　Silber, K.: Pestalozzi, The Man and His Work; London: Routledge & Kogan Paul, 1960, P.140.

71　Guimps, R.D.: Pestalozzi: His Life and Work; Translated by Russell, J.N.Y.: Appleton, D. & Company, 1980, PP.113-116.

72　同註64，頁 123-124。

73　余書麟：國民教育原理；台北，教育文物，民 68，頁 129。

74　黃光雄：福祿貝爾教育思想之研究；師範大學教育研究集刊，8 輯，民 54，頁 185-279。

75　同註64，頁 143。
　　同註62，頁 95-96。

76　同註64，頁 145-146。

77　同註63，頁 46。

78　同註68，頁 58。

79　同註68，頁 84-85。

80　程祿基：杜威教育思想；師範大學教育研究所集刊，3 輯，民 51，頁 205-258。
　　同註3，頁 70。

81　同註80。

82　同註68，頁 87。

83　同註63，頁 64。

84　同註63，頁 64。

85　同註31，頁 87。

86　Spodek, B.: Teaching in the Early Years; Englewood
　　Yliffs, N.J.: Prentice—Hall, 1978, PP.43—54。

87　劉焜輝譯：幼兒教育法；台北，漢文，民 67，頁 6-9。

88　許惠欣：蒙特梭利與幼兒教育；台南光華女中，民 68，頁
　　103-138。

89　Montessori, M.: The Secret of Childhood; New York: Bal-
　　lantine Books, 1966, P.139.

90　Margolin, E.: Sociocultural Elements in Early Childhood
　　Education; New York: Macmillan, 1974.

91　林生傳：教育社會學；台北，偉文，民 71，頁 144。

92　郭爲藩：教育發展與精神建設；台北，文景出版社，民 71，
　　頁 8。

93　Leeper, S.H., Skipper, D.S., & Witherspoon, R.L.: Good
　　Schools for Young Children (4th Ed.); New York: Macmil-
　　lan, 1984, P.52.

94　張美麗：幼兒家長、老師、專家對幼兒教育的意見與期望比
　　較研究；師範大學家政教育研究所碩士論文，民 74，頁
　　139。

95　盧素碧：幼兒教育課程理論與單元活動設計；台北，文景出
　　版社，民 79，頁 31。

96　同註93。

97　同註66，頁 33。

[98] 同註[92]，頁 125－127。

[99] 同註[92]，頁 125－127。

[100] Lillard, P.P.: Montessori A Modern Approach; N.Y.: Schocken Books, 1973.

[101] 同註[2]，頁 224。

[102] 同註[2]，頁 225。

[103] 同註[2]，頁 226。

[104] 同註[2]，頁 225。

[105] 同註[2]，頁 223。

[106] Montessori, M.: The Montessori Method; New York: Schocken Books, Inc., 1964, P.87.

[107] 同註[2]，P.205.

[108] 同註[89]，P.53.

[109] Montessori, M.: What You Should Know About Your Child; Thiruvanmiyur: Kalakshetra Publications, 1966, P.105.

[110] 同註[106]，P.155。

[111] 幼兒教育：幼兒遊戲場地的安全；207 期，頁 14。

[112] 同註[106]，P.171。

[113] 同註[2]，P.221。

[114] 同註[2]，PP.108－109。

[115] 同註[106]，P.107。

[116] 同註[2]，PP.277－287。

[117] 王靜珠：幼稚教育；台中，王靜珠發行，民76，頁 237-239。

[118] 同註[117]，頁 241-244。

[119] 高敬文：發現學習的課程領域──以幼兒爲中心，載於「從 發現學習邁向統合教學」，台北，信誼基金出版社，民71， 頁 16。

[120] Meyen, E.L.: Developing Instructional Units: Applications for the Exceptional Child; Dubuque, IA: William C. Brown Co., 1976.

[121] Hendrick, J.: Total Learning-Developmental Curriculum for the Young Child, Columbus: Merrill Publishing Co., 1990, PP.41-43.

[122] Montessori, M.: The Advanced Montessori Method Volum 1 (Formely titled Spontaneous Activity in Education); New York: Schocken Books, 1965, PP.130-131.

[123] 同註[106]，P.12。

[124] 同註[106]，P.104。

[125] 同註[122]，P.122。

[126] 同註[122]，PP.122-124。

[127] Turner, J.：Cultural Subjects for Montessori Preprimary; MWTTP, 1988, P.198-200.

[128] 同註[127]，P.200。

[129] 同註[127]，PP.201-202。

130 Turner, J.(Ed.): Unit Studies for Early Childhood; MWTTP, 1989, PP.31－32.

131 同註130，PP.33－34。

132 同註127，PP.204－205。

133 同註130，PP.41。

134 Kellogg, R.: Understanding Children's Art; Psychology Today, May, 1967。

135 同註127，PP.34－40。

附錄：蒙特梭利生平年度記要

1870	…	8月31日生於義大利安科納省卡拉法雷市。
	…	父親阿雷桑多洛·蒙特梭利，是貴族後裔，職業為軍人。
	…	母親蕾妮露特·蒙特梭利，為哲學家兼科學家。
1875	…	蒙特梭利全家搬至羅馬（父親調職羅馬之故）。
1876	…	蒙特梭利上公立小學一年級。
1883-86	…	就讀於工科高中。
1886-90	…	就讀於工科大學（最喜歡的科目：數學）。
1890-92	…	就讀於羅馬大學（是一位傑出的學生）。
1892-96	…	就讀於羅馬大學醫學院：成為義大利第一位進入醫學院就讀的女性。
1896	…	以優異成績畢業。
	…	私人診所開業，同時也在羅馬大學附屬醫院（San Giovani Hospital）擔任助理醫生。
	…	代表義大利全國婦女團體，參加在柏林所舉行的國際性婦女會議，由於會中傑出的表現，使她成為世界各國媒體爭相報導的對象。

1897	…	在羅馬大學附屬精神病診所擔任義工助理醫生，並與蒙特塞諾醫生一起工作。
1898	…	在杜林的教育會議中發表演說＜社會的不幸與科學上的新發現＞。
	…	3月31日蒙特梭利的兒子馬里奧（Mario）誕生，父親爲蒙特塞諾醫生。
1899	…	在羅馬各地演說，主題爲兒童與和平。
	…	在羅馬的女子大學教授衛生學課程。
1900	…	和蒙特塞諾醫生共同領導新成立的國立特殊兒童教育學校（位於羅馬）。
1901	…	辭去國立特殊兒童教育學校的職務（根據馬里奧的說法，蒙特梭利和蒙特塞諾曾經互相約定兩人終生不結婚；但是後來蒙特塞諾違背誓言而另娶他人，於是，蒙特梭利離開這份兩人必須朝夕相處的工作）。
	…	蒙特梭利重回羅馬大學做學生，研修哲學、心理學、與正常兒童的教育。
1904-08	…	受聘爲羅馬大學教授，講授：「教育中的人類學」。
1906	…	第一所「兒童之家」成立，它位於羅馬貧窮的聖羅倫斯區，是由羅馬優良建築協會所贊助。
1907	…	第二所「兒童之家」成立。
1908	…	三所嶄新的「兒童之家」成立（這三所兒童之家

是爲中等家庭的兒童所設立的）。

1909 … 舉辦第一次夏季師資訓練課程（100 位老師參加）。

… 《蒙特梭利教學法》（The Montessori Method）在義大利出版。

1910 … 蒙特梭利協會在羅馬成立。

1911 … 義大利和瑞士的公立學校採用蒙特梭利教學法；巴黎成立兩所蒙特梭利示範學校。

… 英國第一所「兒童之家」與蒙特梭利協會成立。

… 美國第一所「兒童之家」在紐約成立（創辦人爲貝爾女士）。

… 辭去大學教職與醫生工作，全力投入兒童教育工作。

1912 … 《蒙特梭利教學法》英譯本出版。

… 蒙特梭利的母親去世。

1913 … 第一次國際蒙特梭利訓練課程開課。

… 蒙特梭利的兒子馬里奧蒙特梭利（15 歲）搬來和母親同住，而以姪子相稱（在此之前因蒙特梭利母親的反對而未能公然與兒子同住）。

… 蒙特梭利赴美國演説。

1914 … 「兒童之家」在荷蘭成立。

… 《蒙特梭利手册》（Dr. Montessori's Own Hand-book）出版。

	⋯	美國的克伯屈嚴厲抨擊蒙特梭利教育。
1915	⋯	蒙特梭利在美國洛杉磯、舊金山、聖地牙哥等地開訓練課程。
	⋯	在舊金山舉行的世界博覽會中，「蒙特梭利班級」以玻璃爲牆，讓人們參觀兒童的工作情形，獲得兩面金牌獎，教室中的指導員（老師）爲蒙氏的學生：帕克赫斯特。
	⋯	蒙特梭利的父親過世。
1916	⋯	在巴塞隆納開訓練課程。
1917	⋯	《高級蒙特梭利教學法》（The Advanced Montessori Method）共兩册出版。
	⋯	荷蘭蒙特梭利協會成立。
	⋯	最後一次訪問美國，在洛杉磯開訓練課程。
	⋯	馬里奧蒙特梭利和海倫克莉斯汀結婚。
1919/21	⋯	在英國開訓練課程。
1922	⋯	「兒童之家」在維也納成立。
	⋯	義大利政府任命蒙特梭利擔任官方的學校視察。
	⋯	在倫敦、荷蘭開訓練課程。
1923	⋯	榮獲杜瀚大學榮譽博士學位。
1924	⋯	在阿姆斯特丹開訓練課程。
	⋯	墨索里尼研究蒙特梭利學校，並且和蒙特梭利見面，以表達欽佩之意。
1925	⋯	由於獲得義大利政府的支持，蒙特梭利教育在義

大利復甦。

1926 ⋯ 在義大利舉辦訓練課程（6個月）。

⋯ 在南美洲發表演說。

⋯ 在阿姆斯特丹成立「蒙特梭利中學」。

⋯ 蒙特梭利在國際聯盟演講＜教育與和平＞。

1927 ⋯ 在倫敦開訓練課程。

1929 ⋯ 發表文章＜宗教教育＞。

⋯ 在倫敦開訓練課程。

⋯ 國際蒙特梭利協會在柏林成立。

⋯ 第一屆國際蒙特梭利會議在丹麥的艾爾斯諾舉行。

1930/31 ⋯ 在羅馬開訓練課程。

1933 ⋯ 法西斯黨統治義大利，命令關閉所有的蒙特梭利學校。

⋯ 蒙特梭利暫避西班牙的巴塞隆納，並且在當地開訓練課程。

1936 ⋯ 西班牙內戰，蒙特梭利搭乘英國戰艦離開西班牙。

⋯ 《兒童之秘》（The Secret of Childhood）出版。

1939 ⋯ 第二次世界大戰爆發。

⋯ 馬里奧與蒙特梭利第一次在印度開訓練課程。（這時馬里奧已和妻子離婚，四個小孩留在荷蘭）

| 1940 | ⋯ | 馬里奧被英方拘留；維多利亞女王在蒙特梭利七十歲生日當天，釋放馬里奧，做爲其生日賀禮；並且在致電文中第一次稱馬里奧爲蒙特梭利的兒子。 |

1944 ⋯ 發表演說＜幼兒的最初三年＞。

1946 ⋯ 《新世界的教育》（Education for a New World）出版。

⋯ 在倫敦開訓練課程（第一次以英文授課）。

1947 ⋯ 倫敦蒙特梭利中心成立。

⋯ 返回印度計劃成立蒙特梭利大學，但是在政治混亂中無疾而終。

⋯ 馬里奧和愛達皮爾森結婚。

1948 ⋯ 以下著作出版：

《吸收性心智》（The Absorbent Mind）

《發現兒童》（The Discovery of the Child）

《教育人類的潛能》（To Educate the Human Potential）

《關於你的孩子，你應該知道些什麼？》（What You Should Know About Your Child）

《教育的改革》（Reconstruction in Education）

1949 ⋯ 第八屆國際蒙特梭利會議在義大利舉行。

⋯ 蒙特梭利被提名諾貝爾和平獎（1950、1951 同樣被提名）。

1950	⋯	至北歐各國巡迴演說（包括挪威、丹麥、瑞典與冰島等國）。
	⋯	代表出席 UNESCO 會議。
	⋯	榮獲阿姆斯特丹大學榮譽博士學位。
1951	⋯	第九屆國際蒙特梭利會議在倫敦舉行。
	⋯	在奧地利開訓練課程。
1952	⋯	5 月 10 日坐在椅子上曬太陽時，因腦溢血病逝於荷蘭，享年 82 歲。

資料來源：Rita Kramer, "Maria Montessori: A Biography" N.Y.: Addison－
Wesley Publishing Co., Inc., 1988.

Joy Turner, "A Timeline for Maria Montessori" in "Readings for
Philosophy, Child, Family, and Teacher", MWTTP, 1988, PP.
47－48.

國家圖書館出版品預行編目資料

蒙特梭利幼兒單元活動設計課程／
周逸芬 著.
--初版.--臺北市：五南, 1994[民83]
面；　公分
ISBN 978-957-11-0822-3（平裝）

1.教學法
521.581　　　　　　　　　　83003918

1IT3

蒙特梭利幼兒單元活動設計課程

作　　　者 － 周逸芬(114)

發 行 人 － 楊榮川

總 經 理 － 楊士清

副總編輯 － 黃文瓊

責任編輯 － 楊如萍

原出版者 － 北京師範大學出版社

臺灣印行者 － 五南圖書出版股份有限公司

地　　　址：106台北市大安區和平東路二段339號4樓

電　　　話：(02)2705-5066　傳　　　真：(02)2706-6100

網　　　址：http://www.wunan.com.tw

電子郵件：wunan@wunan.com.tw

劃撥帳號：01068953

戶　　　名：五南圖書出版股份有限公司

法律顧問　林勝安律師事務所　林勝安律師

出版日期　1994年 6 月初版一刷
　　　　　　2019年 2 月初版十三刷

定　　　價　新臺幣440元